BIBLIOTHÈQUE DU SYNDICALISME AGRICOLE
Publiée sous la direction de J.-H. Ricard

CLAUDIUS METTON

PRÉSIDENT DU SYNDICAT DE NEULISE

Un Village Syndical

PAYOT, PARIS

UN VILLAGE SYNDICAL

BIBLIOTHÈQUE DU SYNDICALISME AGRICOLE
publiée sous la direction de J.-H. Ricard

CLAUDIUS METTON

PRÉSIDENT DU SYNDICAT DE NEULISE

UN VILLAGE SYNDICAL

PAYOT & Cie, PARIS
106, BOULEVARD SAINT-GERMAIN

1920

UN VILLAGE SYNDICAL

AVANT-PROPOS

La Victoire. — La Victoire a sonné l'hallali des hordes de Germanie. Nos chevaux se désaltèrent à l'eau du Rhin. Le sol sacré de la patrie est libéré du contact impur de l'agresseur. La France se relève de son étreinte mortelle, plus grande que jamais. Les peuples la saluent comme une reine, reine par ses souffrances et reine par sa gloire et sa beauté.

Les rayons du soleil ont plus d'éclat, l'air semble plus pur, nos campagnes plus sereines et plus douce la cloche du soir.

La guerre semble finie à jamais ; dans une marche triomphante nos armées ont touché les

rives du Rhin et nous pouvons redire après
M. d'Harcourt :

> Il est à nous votre Rhin allemand !
> Où le père a passé, l'enfant
> A son tour passe triomphant !

La République ramène la France aux abords
des frontières que lui avait données le génie de
Napoléon Ier. La Victoire vient enfin couronner
cinquante-deux mois d'héroïsme dans une lutte
épouvantable et sans nom : Gloire à nos soldats !
Gloire à nos petits paysans !

A NOUS DE GAGNER LA PAIX. — Les canons se
sont tus, nous pouvons compter nos morts. A la
tribune parlementaire un chiffre effrayant a été
avoué : 75 % des pertes de nos armées sont
des paysans ! Horrible hécatombe ! Pleurez, hameaux de nos villages, la fleur de votre jeunesse
est fauchée !

Mais soyons fiers, paysans, la France ne pouvait s'appuyer sur de plus nobles et de plus
forts. Nos enfants ont bien mérité de la Patrie :
c'est du sein de nos campagnes que ses défen-

seurs se sont levés les plus nombreux, ne l'oublions pas ; pendant que ceux qui restaient : vieillards, femmes et enfants, travaillant durement dans les conditions les plus défectueuses qui se puissent concevoir, assuraient, quand même, le pain de chaque jour.

Paysans du front et de l'arrière, nous avons sauvé la France et la Liberté du Monde dans la guerre, et c'est encore à nous de la sauver dans la Paix.

Les paysans resteront, dans la paix comme dans la guerre, le plus solide appui de l'ordre ; ils resteront la digue solide et ferme opposée à toute velléité de démagogie. Attaché indéfectiblement à sa terre, le paysan ne souffrira pas qu'on l'asservisse sous prétexte de réglementation et de progrès. Les pouvoirs personnels sont tombés, mais prenons garde à la tyrannie inconsciente des foules : c'est la pire. On peut prendre et juger un Kaiser, la foule est anonyme et irresponsable.

Prenons garde que l'avenir ne nous apporte moins de libertés que de chaînes et de contraintes ! Les nécessités de la guerre nous ont amenés à un état de servitude presque complet. Mais nous avons assez vécu sous ce régime et nous ne permettrons pas que, de ces mesures d'exception, on fasse un état permanent.

Les canons se sont tus ; paysans, c'est l'heure où, recueillis et tremblants, nous épions le retour de ceux que la guerre un jour emporta loin de nous. Ils reviennent, les fils de la terre, reprendre aux mains du père la charrue qui vacille à ses doigts fatigués. Mais bien des foyers resteront sombres et déserts : on n'y attend plus le retour de l'absent, il dort là-bas, pour toujours, dans la terre lointaine, sa voix n'éveillera plus les échos du vallon !

Un monde nouveau commence, c'est l'inconnu. Le règne de la démocratie semble s'ouvrir pour les peuples. Mais combien de temps encore leurs pieds glisseront-ils dans la boue et le sang ? Nul ne sait par quelles étapes douloureuses ils devront passer pour trouver le calme et la paix.

A nous, paysans, de la réaliser pleine, entière, une paix de repos et de reconstitution nationale sur notre terre de France.

NOTRE POINT D'APPUI. — C'est le syndicat. Groupons-nous donc et, là où cette bienfaisante institution n'existe pas, sans tarder, il faut la créer. Quelques hommes de bonne volonté suffisent, il n'y a pas un village de France qui n'en possède quelques-uns. Aux jeunes surtout, à ceux qui reviennent, il appartient de lancer partout le mouvement syndicaliste agricole, s'il n'existe pas, ou de lui donner une vigueur nouvelle s'il est déjà en honneur. Il faut qu'ils mettent au service de nos campagnes toute l'audace, l'énergie, le courage dont ils ont donné tant de preuves dans les combats fameux qu'ils ont soutenus victorieusement contre l'ennemi. C'est à la France rurale à refaire la Patrie prospère, c'est au sein de nos campagnes que doit s'élaborer de nouveau la vie saine et forte qui reconstituera le pays à l'intérieur. A la sombre démagogie qui monte et s'agite, le peuple des campagnes est seul capable d'opposer une barrière résistante et ferme. Mais il faut s'organiser, ne pas rester éloignés les uns des autres, disséminés, sans liens entre nous. Nous sommes le nombre, mais à quoi cela nous servira-t-il si nous sommes semblables aux sables du désert qui, malgré leur multitude, restent le jouet de l'orage et du vent ?

Oui, ne l'oublions pas, nous sommes la corporation la plus nombreuse, près de 50 % de la population nationale, mais il faut nous entendre pour une action commune. Le syndicat est l'arme forte et souple indispensable à la base de toute action corporative.

Nos grandes Unions syndicales se partagent nos provinces ; elles attendent le petit Syndicat communal pour le faire bénéficier des fruits de tout le travail accompli, le réunir à son tour à ses aînés. Elles-mêmes se groupent ensemble à l'Union centrale des Syndicats des Agriculteurs de France, à laquelle je m'étonne de trouver moins d'influence auprès des pouvoirs publics qu'à la Confédération générale du Travail. Cependant, comme cette dernière, elle représente un grand nombre d'adhérents. D'où vient cette différence ? N'est-elle que dans le nom ? Je crois plutôt qu'elle est dans notre apathie habituelle, notre laisser faire. Il faut réagir.

Il faut que de nos rangs se lèvent des éveilleurs d'âmes, apôtres désintéressés des humbles qui vivent ignorés dans nos campagnes solitaires ; il faut qu'ils les groupent, élèvent leurs cœurs au-dessus des travaux individuels qui absorbent trop leurs pensées, et leur apprennent la solidarité d'intérêts qui doit les unir tous. Qu'ils soient les guides sûrs qui garantissent des écueils et des précipices semés sur la route incertaine de la Démocratie ; sentinelles avancées et perdues sur la voie du progrès !

Ma tâche est plus modeste. Sur la demande d'amis dévoués aux travailleurs du sol, je viens essayer de parler d'un village où l'esprit d'union entre agriculteurs a fait surgir depuis longtemps les organismes professionnels que nous voudrions voir se multiplier dans toutes les communes rurales de France, et faire entrevoir ainsi à ceux qui reviennent aux champs la possibilité d'une vie constamment améliorée par l'union grandissante de tous les paysans. Je leur dirai les étapes par lesquelles nous sommes passés, étapes qui sont à peu près les mêmes dans tout village où se sont fondées des institutions syndicales ; et cet exemple donnera, je l'espère, à ceux qui s'éveillent aujourd'hui aux notions de vie corporative, le désir de hâter chez eux la fondation de syndicats communaux, si nécessaires à la défense des intérêts agricoles.

Et ce village, dont je vais vous entretenir, est composé en majeure partie d'une population paysanne ayant un syndicat à la base de toute son activité collective. Peut-être y reconnaîtrez-vous le vôtre. Comme le mien, il est coquet, charmant, n'est-ce pas ? Le plus beau pays n'est-il pas toujours celui de notre enfance. Les mots d'union, de fraternité y furent sans doute aussi entendus. Mais quel qu'il soit, sur les hauts plateaux ou caché au fond de la vallée, il vous attend, il attend de vous la vie, la vie profonde qui par le travail sacré de l'homme féconde nos champs et élève l'âme vers les hauteurs ; il vous attend pour créer l'union des terriens dans le syndicat, si déjà elle n'existe, et, dans ce cas, pour lui donner l'impulsion et la force qui lui feront porter les beaux fruits de la Mutualité.

J'accède donc aux désirs exprimés, car je suis des vôtres, j'ai moins tenu la plume que la charrue, je vis de votre vie ; vos souffrances et vos joies je les connais. Comme vous, mes fils ont fait la grande guerre et, hélas ! il en est un qui ne reviendra plus jeter le pur froment dans les sillons d'automne. Cette similitude d'état, de peines, de malheurs me créera peut-être un droit à votre attention.

De ma pensée, ces pages une à une sont tombées, comme tombe la feuille de l'arbre qui la porta. Elles furent écrites pour vous à nos veillées d'hiver, pendant qu'à l'étable mes bœufs paisiblement ruminaient, rêvant aux grands labours d'automne, et que le blé nouveau reverdissait sur nos champs.

Elles furent écrites pour vous parce que je sais la souffrance, le lourd travail du paysan. Du chemin, je crois tenir la trace qui mène vers un avenir meilleur ; bien simplement j'ai voulu vous le dire, car j'ai hâte de le voir suivre par tous les laboureurs. La voie en est peu sûre encore, tout obstruée de ronces et de durs cailloux ; il faut être nombreux et forts pour la rendre aplanie et douce aux enfants qui viennent après nous.

Verlise, le village syndical, doit se retrouver dans chacun des vôtres. Ce qui fut possible ici, l'est aussi dans tous les villages de France. Si ma voix trouve en vos cœurs un faible écho, vous ferez chez vous le geste d'union nécessaire pour résister au mal accablant, vaincre l'égoïsme méchant et faire régner l'amour qui construit et qui sauve.

Et je serai bien payé, lorsque viendront mes derniers ans, si l'on me dit qu'en vos campagnes les paysans sont plus heureux, si l'on me dit qu'à l'édifice de leur bonheur, la faible part que j'apportai pour l'élever fut utile aux hommes du pays, aux paysans de France.

CL. M.

Lorgue, août 1919.

MON VILLAGE

Connaissez-vous notre Forez, où sous des dômes de verdure cheminent des eaux au cours capricieux ; descendues en cascades de nos hautes montagnes, elles s'en vont apaisées et paresseuses vers le fleuve grondeur qui attend leur afflux pour se faire plus fort ? Nos plaines aux gras pâturages, aux riches alluvions, où sous les saules bleus, chantés par Dupont, pâturent au bord du fleuve les troupeaux de grands bœufs ?

Ah ! ne cherchez pas là mon village syndical, la nature est trop riche, l'homme y vit aisément. Mais remontez au long des coteaux granitiques qui l'enserrent à l'entour, comme un cadre divin enchassant un tableau précieux. A la cime des pentes s'élevant de la Loire, sur lesquelles s'étagent maints villages rieurs, un large plateau s'étend où les champs de blé voisinent avec les champs de genêts, les bruyères ou les pins, et, couronnant le faîte, quelques blanches maisons bordant le grand chemin qui descend vers les plaines. C'est le village de Verlise. L'air y est pur ; chaque printemps les gens de la ville reviennent chercher ici la force et la santé et réparer leurs poumons fatigués de tous les miasmes qu'elle recèle. La vue est étendue, cent clochers et plus se comptent des hauteurs de la Croix-du-Frêne. La vie est saine, mais rude ; seuls des travailleurs peuplent le village et ses campagnes. Sur un rayon de trois ou quatre kilomètres les fermes s'échelonnent tantôt groupées en hameaux, tantôt disséminées à tous hasards, comme les dés jetés négligemment par le joueur sur un vaste tapis vert. Population courageuse d'agriculteurs qui, à force de travail et de peines, sont arrivés à féconder cette terre de médiocre qualité naturelle. Là où le sol était absent ils ont moulu la pierre sous l'effort répété de leurs socs, constituant à la longue une lèche suffisante pour passer la charrue. Ce n'est pas la grande ferme des pays du Nord, véritable usine de la terre, centre d'exploitation de centaines d'hectares. Non, ici c'est la moyenne et petite culture : les plus grands domaines ne dépassent pas 40 à 50 hectares ; leur peu d'étendue facilite mal l'emploi de l'outillage agricole perfectionné, trop coûteux et trop encombrant pour l'exiguïté des cultures.

Les efforts individuels pour sortir de la médiocrité étaient sans puissance et sans effets parce que trop dispersés ; les voix paysannes trop faibles et sans écho se perdaient dans le bruit des affaires des autres et l'indifférence générale. Qui ne se souvient comme il fallait peiner pour réaliser quelques maigres récoltes ? Nous étions alors vers les dernières années du siècle passé, l'agriculture se débattait dans une crise pénible : le blé se vendait 2 fr. 50 le double-décalitre, le seigle 1 fr. 25, les pommes de terre 2 fr. 50 à 3 francs les 100 kilos et le reste à l'avenant. Fallait-il en faire de la marchandise pour payer ferme, domestiques et entretien de la maison ! Le paysan vendait tout pour parer aux nécessités les plus urgentes, et sa terre allait s'appauvrissant davantage parce qu'il ne pouvait suffire à lui donner les engrais complémentaires dont elle ne saurait se passer pour une culture intensive. Le mal engendrait le mal, le paysan était enserré dans un cercle vicieux dont il

ne semblait devoir sortir. Je me souviens à ce sujet d'une conversation avec mon ami V... petit propriétaire terrien. « Je ne m'explique pas, lui dis-je,
comment les fermiers peuvent arriver à payer leurs
redevances, alors que le cultivateur-propriétaire a
bien de la peine à équilibrer son faible budget. —
Ah! me répondit-il, c'est parce qu'ils se refusent non
seulement toutes dépenses superflues, mais encore
bien des choses nécessaires. Lorsqu'ils font une
vente, ils en rangent le montant au plus profond
du tiroir et n'y touchent jamais, quelles que soient
par ailleurs les nécessités qui s'imposent, jusqu'à
ce que le total du fermage soit d'abord garanti. Tu
peux être certain que s'ils n'agissaient ainsi, pas
un seul n'arriverait à payer sa ferme. »

Le laboureur poussait machinalement sa charrue,
morne et résigné, s'enfonçant davantage dans son
isolement farouche, souffrant trop individuellement
pour percevoir la plainte de son voisin. Et pourtant à la ville le commerce était florissant, à l'usine
les salaires montaient : dans nos campagnes, le soir,
bien des jeunes paysans se prenaient à rêver de
l'asphalte du trottoir, de souliers fins, de beaux
habits.

C'est en effet à cette époque néfaste qu'il faut faire remonter la plus grande désertion des campagnes. Comment d'ailleurs en eût-il été autrement ? d'un côté, travail pénible, salissant, ne donnant que des ressources insuffisantes, et d'autre part, sollicité par le commerce et l'industrie, les administrations des chemins de fer et de l'Etat, fatalement le jeune paysan se laissait entraîner. Il quittait à regret sa terre, mais il faut vivre d'abord, et tous les tempéraments ne sont pas faits pour la lutte obscure qu'il s'agissait d'entreprendre pour remonter le courant de la débâcle inévitable où semblait devoir s'effondrer le monde agricole de France.

LE SYNDICAT DE VERLISE

La naissance.

Les dimanches, les jours de marché et de foire, chaque fois qu'une occasion réunissait les hommes de nos hameaux, les conversations déviaient toujours vers la situation précaire du paysan. Les esprits étaient en éveil et cherchaient dans leur simplicité une issue heureuse vers des temps plus propices. Les vieux se résignaient à continuer, à achever dans la gêne une vie toute de privations. Des jeunes, que toute la beauté, toute la poésie de nos campagnes retenaient encore, soutenaient une lutte intérieure pénible : intelligents, ils comprenaient qu'ils étaient de taille à se frayer un chemin dans d'autres milieux. D'autre part, un vieil atavisme, un idéalisme tenace les appelaient encore à la garde du foyer, et l'on entendait parfois des mots désespérés, d'une ironie mordante, comme celui-ci : « Décidément, il n'y a plus que les bêtes pour travailler la terre ! » Les déserteurs du sol revenaient quelquefois : mise élégante contrastant avec les coupes surannées du tailleur du village, air suffisant et vainqueur, raillant les naïfs qui s'obstinaient au service de la terre, estimant la tâche inférieure pour celui qui a un peu d'instruction et d'intelligence. Il ne doit donc plus rester pour cultiver la terre que les niais, les sots et les lourdauds.

Mais, du sein de la nuit où nous semblions devoir périr, des voix s'élevaient : c'était un appel à l'union, à la solidarité, à la charité : « Paysans, di-
« saient-elles, votre tâche est noble, elle est belle,
« vous êtes les dispensateurs de la vie, votre fonc-
« tion est un sacerdoce : vous êtes les prêtres de la
« nature. »

« Le remède aux maux dont vous souffrez est en
« vous. Unissez-vous, ne restez plus isolés, indif-
« férents les uns aux autres ; une loi de liberté
« vous ouvre la voie vers des possibilités indéfinies.
« Vous êtes le nombre, mais trop dispersés ; grou-
« pez-vous en sociétés, en syndicats. Laboureurs,
« levez-vous ; ouvrez vos cœurs trop longtemps

« fermés ; que vos mains calleuses se reposent dans
« l'étreinte chaleureuse de votre frère ; il ne vous
« reste que peu de chose, mais votre cœur et votre
« bonne volonté suffisent pour faire renaître l'es-
« poir. »

Des hommes généreux allaient ainsi, portant cet
évangile nouveau jusque dans nos villages les plus
isolés.

Et, malgré la défiance des uns, l'hostilité ou
l'indifférence du plus grand nombre, ces hommes
ardents et dévoués jetaient çà et là les germes
d'organisations nouvelles. Débuts toujours lents,
incertains, parfois douloureux : il faut briser l'indi-
vidualisme tenace, l'égoïsme malfaisant ; élever les
esprits et les cœurs, comprimer la recherche trop
immédiate de l'intérêt particulier, le subordonner
à l'intérêt général ; en un mot, créer de toutes
pièces dans le milieu choisi un état d'esprit nouveau, fait de générosité, d'enthousiasme et d'amour.

Comme le syndicat ouvrier, le syndicat agricole
naissait de la misère, de la souffrance. Les hommes
d'une même profession comprenaient la nécessité
d'une entente mutuelle pour la défense de leurs
intérêts matériels, comme aussi pour mieux assu-

rer leur élévation progressive au point de vue social. Le syndicat n'est pas cependant une panacée
universelle ; il ne peut pas, d'un jour à l'autre,
changer les conditions d'une corporation ; non, mais
c'est le geste initial pour la marche en avant d'une
collectivité vers la voie de l'organisation professionnelle ; c'est l'assise, la base d'un état social
nouveau ; c'est la cellule éducatrice de la démocratie, le groupement d'individualités, bien faibles
prises isolément, mais qui, par lui, deviendront
une force capable de changer la face d'un monde. Et
c'est dans l'ordre : les plus grandes choses ne
sont-elles pas l'œuvre des infiniments petits? Voyez
l'abeille, aidée par l'abeille, remplir la ruche des
rayons d'or de son miel puisé goutte à goutte au
calice des fleurs.

Au village de Verlise l'esprit nouveau avait
aussi soufflé. Les paysans les plus actifs, les plus
hardis se réunissaient, cherchant à réaliser la constitution effective d'un syndicat. Mais avant de lancer un appel à tous les laboureurs de la région, il
importait que les promoteurs de la nouvelle association se missent d'accord sur le choix de l'homme
qui devait la diriger.

Certes, cette question primordiale demande mûre réflexion, du choix de tel ou tel autre dépend le succès et la vitalité de l'entreprise. Il importe peu qu'il soit riche ou pauvre, mais de savoir quel est celui qui apportera la somme de dévouement la plus forte ; quel est celui qui, avec les capacités suffisantes, est décidé à la faire aboutir, à lui consacrer toute l'énergie, toute la ténacité nécessaires pour obtenir le succès et savoir quelquefois sacrifier son intérêt particulier au profit de l'intérêt général.

A cette qualité de dévouement que l'on doit rechercher pour un dirigeant de syndicat, il faut encore demander une vie publique et privée irréprochable. Un président de syndicat, ainsi que ses collaborateurs les plus immédiats ne doivent pas pouvoir être soupçonnés, il faut qu'ils soient inattaquables. Comme le syndicat doit être le produit d'une sélection sur l'ensemble de la corporation, de même ceux qui sont appelés à le diriger doivent être également le fruit d'une sélection sur l'ensemble des associés. Dépourvue de toute ambition personnelle comme du désir de toute vaine parade, leur vie doit être un exemple et un enseignement permanent ; ils ne doivent avoir qu'un seul but : se donner, se dépenser plus que tous autres au service de leurs concitoyens, afin de leur apporter un peu plus de bien-être, un peu plus de liberté et de bonheur, en tâchant de rendre plus fécond leur travail et plus élevées leurs aspirations et leurs pensées.

Les paysans de Verlise décidèrent enfin de faire appel à Claude Delorgue pour assumer la charge de créer, puis diriger le syndicat futur.

D'une vieille famille terrienne, cultivateur lui-même, il était alors dans la force de l'âge. Instruction primaire suffisante pour gérer son domaine, mais esprit inquiet et chercheur, avide de savoir : tout imprimé retenait son attention ; entre deux attelées, on le surprenait parfois lisant les maîtres de la pensée française. Il suivait avec intérêt les questions sociales et agricoles, donnant son adhésion aux divers groupements de la région et étudiant la valeur comparée des engrais préconisés pour la fertilisation de la terre. Esprit volontaire et indépendant, conciliant pour les choses d'ordre secondaire, mais intransigeant sur les principes d'ordre moral auxquels il subordonnait les moindres

actes de sa vie. Il se préparait ainsi inconsciem-
ment au rôle que ses collègues allaient l'appeler à
jouer, rôle qui l'obligerait à mieux développer ses
facultés naturelles et plus tard lui fera dire avec
raison :

« Si je vaux quelque chose, c'est au syndicat
« que je le dois, il a été pour moi un stimulant.
« Sans lui, comme tant d'autres je serais resté
« enlisé lourdement à la ferme ; le syndicat me
« découvrit de nouveaux horizons, donnant à ma
« vie un but supérieur au labeur journalier. Pour
« l'atteindre, il fallait étudier bien des choses nou-
« velles, garder l'esprit tendu d'un noble effort
« pour porter la profession paysanne vers son
« maximum de liberté et de puissance. Parler,
« agir en public oblige à de la tenue, non seule-
« ment devant la foule, mais encore dans la vie
« intérieure. On se sent mieux obligé au bien. Pour
« diriger les autres, il faut d'abord savoir se diri-
« ger soi-même. Mais je n'avais d'ailleurs qu'à me
« laisser faire et suivre docilement la main de nos
« grands amis de l'Union du Sud-Est qui, tout en
« créant des syndicats, savaient aussi créer les
« hommes nécessaires à leur direction. »

Il accepta donc de bonne grâce la tâche à laquelle il était convié ; une assemblée générale des paysans fut fixée : « Vous me connaissez, leur dit-
« il, je n'ai pas pour habitude de retourner en
« arrière ; si j'accepte de vous organiser profes-
« sionnellement, j'ai pour but de tirer de notre
« association toutes les conséquences heureuses
« que vous êtes en droit d'en attendre. Vous ne
« me demanderez pas de m'arrêter, de mettre un
« terme à nos conquêtes ; non, tout ce que le syn-
« dicat libre peut donner, nous en poursuivrons
« sans trêve l'acquisition jusqu'à ses conséquences
« extrêmes. Demain, nous nous mettrons à l'œuvre
« et le syndicat qui prend naissance aujourd'hui
« sera vivant et agissant, je vous en donne la plus
« ferme assurance, et non pas un syndicat mort-né,
« comme nous en voyons trop tous les jours.
« Faites-moi confiance et, la main dans la main,
« droit devant nous ! »

Les statuts adoptés, la Chambre syndicale nommée, le syndicat de Verlise était fondé [1].

1. Je ne m'attarderai pas à énumérer les formalités de constitution d'un syndicat, ni dans la suite celles des mutuelles et annexes diverses auxquelles il peut donner naissance.

Les premiers pas.

Nous n'étions donc plus seuls. Le petit paysan perdu sur sa lande savait désormais où trouver appui et conseil ; sa pensée solitaire ne restera plus stérile et sans écho, elle s'affirmera dans les assemblées paysannes, elle s'unira à celle de ses frères de labeur, et, transmise aux grandes unions, elle acquerra la force requise pour se faire entendre jusqu'au palais du législateur. Assuré de devenir une force, une valeur, l'homme des champs reprend confiance, il croit encore à la noblesse de son travail, à la richesse de ses moissons, à la force de ses

Elles sont d'ailleurs si simples qu'il me semble superflu de m'y arrêter. Les ouvrages spéciaux qui traitent ces questions sont nombreux, et près des unions régionales qui rayonnent sur l'ensemble du pays les fondateurs de syndicats ou de mutuelles trouveront toujours les conseils nécessaires pour guider leur action.

Des novices peuvent s'effrayer de la multiplicité du travail qui se présente à leur attention, mais à chaque jour suffit sa peine, et tout ne se fait pas en un jour. La Chambre syndicale aura vite fait de discerner ce qui convient le mieux, ce qui est le plus susceptible d'intéresser le milieu où s'exerce son activité. L'essentiel c'est de faire de l'action toujours, ne jamais consentir à rester stationnaire.

grands bœufs, comme il croit en Dieu. Il se complaît à nouveau à ses larges horizons, à la beauté de son ciel, à l'amour de sa terre.

Pâturage et labourage sont les deux mamelles de la France, au dire du brave Sully. C'était bien la conviction de Delorgue ; aussi voulut-il qu'une des premières préoccupations de son syndicat fût l'amélioration des troupeaux et des prairies. C'est là, en effet, la principale source des revenus du paysan, et le bétail riche de formes et de fruits s'entretient aussi facilement, sinon mieux, que des animaux dégénérés.

Un membre de la Chambre Syndicale fut chargé d'aller aux meilleurs centres d'élevage et d'acquérir, pour le compte du syndicat, quelques beaux reproducteurs, placés dans les principaux hameaux du village. Une sélection sévère des reproductrices présentées fut établie et, en peu d'années, cette sélection et cet apport de sang nouveau renouvelèrent le cheptel bétail au grand profit des éleveurs.

Mais, afin que cette amélioration de la race fût durable, il fallait en même temps améliorer le sol, le pâturage. Les troupeaux, les hommes mêmes subissent l'influence du climat et du sol ; c'est ainsi que l'on voit dans nos plaines les fermiers gras et replets et, sur nos monts granitiques, grands et maigres, à charpente osseuse.

Pour obtenir des résultats rapides de transformation, le fumier de nos fermes est insuffisant. C'est aux engrais pulvérulents qu'il convient de faire appel. Toute une éducation était à faire : il fallait enseigner les principes de fertilisation, les noms et la valeur des engrais divers qui apportaient à chaque sorte de terrain le complément qui lui était utile.

Seul le syndicat était capable de coordonner les efforts, les expériences et de leur donner un sens pratique. Par ses soins, des analyses de terrains sont faites, déterminant ainsi de façon précise ce qui manquait à chacun. Il se charge également de l'achat des engrais, moralisant ce commerce dont l'exploitation malhonnête, qui avait précédé, empêcha longtemps la vulgarisation des engrais chimiques.

Je me rappelle les courtiers obséquieux qui, chaque printemps, parcouraient nos campagnes, allant de ferme en ferme et, sous des promesses

fallacieuses et mirobolantes de plus-values de récoltes fantastiques, enlevaient des commandes à
nos paysans à des prix invraisemblables. Il est vrai
qu'on ne les y prenait pas deux fois, car les résultats étaient invariablement du plus beau néga-
tif. Mais d'une, c'était déjà trop, parce que non
seulement ces poudres ne donnaient pas de blés
plus beaux, mais encore de leur insuccès naissait
la méfiance.

Leur dernier exploit à Verlise eut lieu vers les
premières années du syndicat et ce fut un commerçant du village qui en fut la victime.

Habilement circonvenu par un représentant de
l'importante maison Y..., de Paris s'il vous plaît,
il consent l'achat d'un wagon d'engrais. « Vous
n'en prendrez jamais trop, mon ami, lui dit le représentant, vous pouvez gagner 15 francs, 20 francs
par sac et encore, les paysans qui achèteront feront une bonne affaire. »

Ainsi fut fait. Le wagon vint. Les sacs soigneu-
sement emmagasinés, notre homme se mit en devoir de les offrir.

Mais les enseignements du syndicat commen-
çaient à porter leurs fruits. Les paysans hochaient

la tête, flairant un piège et n'achetaient pas. Un malin dit au vendeur :

« Offre-les donc au président Delorgue, il en
« emploie beaucoup chaque année. »

Le marchand suivit le conseil.

— Montrez-moi votre facture, dit Delorgue.

Après l'avoir examinée :

— Combien voulez-vous les vendre ?

— Je ne sais pas, ils me coûtent cher, je crois
que je suis roulé et... pourvu que j'en retire mon
argent.

— Oui, et combien vous ont-ils coûté ? 10 francs
les 100 kilos ?... 15 ?... 20 peut-être ?

— Ah ! dieux, ils m'en coûtent 25.

— ... Ah ! bien, vous êtes volé et joliment, même
si vos engrais ont la composition indiquée dans la
facture ; encore faudrait-il les faire analyser pour
en être sûr. En admettant qu'ils soient tels, vos
engrais vaudraient 8 francs les 100 kilos !... »
Horrification du marchand !

Au syndicat, le paysan venait donc apprendre à
féconder son sol par des procédés nouveaux, à
doubler ses récoltes par l'emploi de poudres impal-

pables dont il ignorait jusqu'ici la valeur et le nom ; mais c'est surtout par l'exemple qu'il se laissera entraîner.

Le meilleur champ d'expérience, c'est le champ du voisin. Cultivez d'une façon progressive, employez des engrais complémentaires, phosphates, potasses, nitrates, etc., les paysans voisins viendront à votre insu constater la plus-value de vos récoltes et, le dimanche suivant, ils commenteront entre eux le bénéfice probable que vous allez tirer de votre opération. Comme le résultat n'est pas douteux, l'année suivante ils s'adresseront au syndicat pour obtenir ces poudres merveilleuses qui, sous un si petit volume, apportent tant de fécondité à nos sols épuisés.

Les paysans de Verlise ont vu chez leur président l'emploi des machines agricoles de labour et de récolte. Le syndicat n'attend pas qu'ils se décident à en acheter individuellement, ce serait trop long, mais consacre ses premières ressources à l'achat des plus utiles pour les prêter à ses membres.

Bientôt après, ils viennent demander, qui un rouleau, qui un trieur ou un semoir.

« Oh ! disent-ils généralement, ce n'est pas qu'il
« me soit nécessaire, mais dans l'intérêt du syn-
« dicat, pour l'exemple. »

« Parfaitement, parfaitement, vous avez raison. »
Bien que l'on devine qu'il leur est de grande uti-
lité, peut-être indispensable.

Ainsi, de proche en proche, on se sert, on essaie,
tant et si bien que peu d'années après chaque
ferme importante possède, pour son compte, un
outillage mieux adapté aux conditions d'une culture progressivement intensive. Et c'est pour le
mieux : dorénavant, les instruments de la société
serviront surtout aux plus petits de la famille syndicale qui pourront ainsi rivaliser avec les grandes
exploitations pour la facilité de leurs travaux.

Mais ces quelques éléments d'instruction agricole, ces menus services d'instruments en commun
n'étaient que les premiers pas, encore mal assurés, de l'association paysanne et de légers profits
pour attirer et fixer les premiers adhérents. La
puissance syndicale est infiniment plus grande que
ces conceptions primaires. L'horizon s'élargit à
mesure que l'on s'élève, et la loi de l'humanité
est élévation et progrès ; élévation de pensées, de

sentiments, élévation morale, mais aussi élévation matérielle et sociale. C'est dans cette voie que le syndicat va résolument s'engager, et son meilleur instrument pour soulever le poids lourd de l'indifférence et réduire les hostilités méchantes sera le Bulletin périodique.

Le Bulletin Syndical.

Petit journal corporatif, professionnel, régional et même local qui maintient, développe l'esprit d'union, assure l'orientation syndicale, guide, instruit, informe, qui dans le même numéro donnera une méthode nouvelle de culture en même temps qu'une page d'éducation sociale.

Des esprits chagrins disaient :

— Un Bulletin ! dépense inutile, le paysan ne lit pas.

Erreur. Non, il ne lit pas les bavardages de nos quotidiens, il connaît trop la valeur du temps ; il ne lit pas les élucubrations fastidieuses de médecins ou d'avocats sans clients en mal de politique, il connaît trop la valeur de leurs promesses. Mais il lit, il aime lire la page du savant ou du sage qui écrivit pour lui ; il se penche aussi sur la feuille dont un collègue de travail traça les lignes un soir avec amour ; auteur simple et ingénu cherchant le chemin du cœur, qui sera lu à la veillée par l'aïeul et par l'enfant. Ainsi la pensée du bulletin s'impose, il incline doucement les volontés dans un sens donné et prépare, mieux que par les réunions, le terrain pour la semence nouvelle, parce qu'il atteint tous les membres de la famille syndicale.

Aucun n'échappe à son emprise, la communion reste constante entre la pensée directrice et la pensée collective des adhérents, resserrant entre elles des liens d'étroite solidarité.

A Verlise, lorsque la distribution du bulletin a lieu le dimanche, c'est plaisir de voir nos paysans rompre allégrement la bande pour jeter un rapide coup d'œil sur l'ensemble du numéro qu'ils liront plus tard, attentivement, une fois rentrés à la maison, témoignant, par leur empressement, de l'intérêt qu'ils portent à leur petit journal. Ils en sont fiers, ils commentent les articles qui ont le mieux retenu leur attention, mais principalement la partie spéciale du syndicat local, parce qu'elle s'adresse directement à eux ; elle est écrite pour eux.

L'Almanach.

Après avoir doté le syndicat d'un bulletin mensuel, Delorgue voulut encore avoir son almanach syndical.

S'il est un livre populaire entre tous à la campagne, c'est bien l'almanach; pas une maison, pas une chaumière qui ne le possède. C'est le livre de toute l'année que l'on consulte à tout instant. Il doit être gai et sérieux, instructif et amusant ; il doit plaire à la jeune fille et à l'aïeule, à l'enfant et au vieillard. Ensemble de qualités difficiles à réunir, j'en conviens. Mais pourtant, quel merveilleux instrument de pénétration, de vulgarisation des idées et des méthodes il pourrait être ! Pourquoi faut-il, hélas ! qu'il y en ait si peu qui méritent des éloges ? La plupart du temps ne sont-ils pas, en effet, des recueils d'historiettes plus ou moins bébêtes, inoffensives peut-être, mais en tous cas sans intérêt. Par contre, des réclames à toutes les pages, célébrant ici la poudre infaillible du célèbre M. X... pour faire pondre les poules récalcitrantes, ou l'eau souveraine du Dr Untel pour faire pousser des cheveux sur le crâne le plus dénudé.

Réagissant contre ces errements déplorables, le président du syndicat, aidé par l'Union régionale, sert à tous ses adhérents un almanach vraiment agricole : quelques articles techniques par des maîtres de l'agriculture moderne ; des récits, des nouvelles célébrant la Patrie et la terre de France ; des appels à l'union de tous les paysans, écrits, bien souvent, par des hommes de nos provinces connaissant nos aspirations, nos travaux et nos peines, mêlant avec art, en ses pages, la poésie légère et la prose sérieuse et grave.

Le fond en est commun à toute la région, mais comme le bulletin il porte le titre du syndicat local et possède une partie spéciale où celui-ci insère les communications particulières qui l'intéressent. Il est distribué gratuitement aux adhérents du Syndicat, les frais minimes qu'il entraîne étant prélevés sur les cotisations.

Ainsi, par ce petit livre annuel, se poursuit encore l'éducation sociale des membres du syndicat.

Les réunions.

Le paysan n'aime pas les nouveautés, il s'en méfie ; aussi, chaque fois que nous voulons faire un pas en avant, soit au point de vue social, soit au point de vue matériel, il est bien rare de pouvoir établir une institution mutualiste ou lancer une méthode nouvelle de culture, sans se heurter à une hostilité sourde qui, sans s'affirmer ouvertement, n'en viendra pas moins paralyser nos efforts. Il faut donc procéder par gradations, parler d'abord de nos projets en conversations privées, puis aborder la question dans les réunions pour ne la mettre aux voix que lorsqu'on la sentira enfin désirée et voulue. Et pour cette raison, Delorgue croit nécessaire de réunir souvent les membres de son syndicat ; mais, surtout, ceux qui forment son conseil ; il a constamment un stock de projets intéressants, afin de les tenir en haleine et leur faire comprendre l'importance que peut avoir leur association par les œuvres multiples qui sont de son ressort et dont elle peut faire de vivantes réalités.

Les réunions sont nécessaires, indispensables ;

par elles on maintient l'activité et la vie, mais il faut les intéresser. Rien de déprimant, de décourageant comme une convocation qui ne répond pas à une nécessité, un but précis : étude, projet ou création d'une action définie. Tout est à faire et mille objets se présentent à l'esprit ; il faut choisir sans précipitation, aller lentement, mais aller toujours, tous les jours avancer un peu ; qui n'avance pas recule.

Ah ! sans doute, la masse ne se laisse pas entraîner facilement ; la volonté se lasse parfois étrangement à cette lutte de chaque jour, mais il faut réagir. Bientôt vous rencontrerez des yeux qui, à votre voix, s'allumeront de flammes plus vives, reflets d'âmes généreuses, de ces âmes nécessaires pour conduire le monde vers le beau, vers le bien. C'est parmi elles, parmi ces premiers éveillés à votre appel que le Président du syndicat ira chercher ses meilleurs collaborateurs.

Dans bien des villages, le syndicat s'est formé sous les auspices et grâce à l'influence d'une personnalité agricole du lieu, gros propriétaire terrien, ou même, le Monsieur du château. Par leur situation sociale et leur instruction, il leur est relativement facile d'organiser et intéresser les réunions.

Ici, tel n'est pas le cas; tous des paysans ayant du labeur tracé, toujours plus qu'ils ne peuvent en faire. Cependant on veut arriver, aboutir à des résultats pratiques, entraîner la masse indifférente et, pour cela, il faut causer, il faut écrire. On ne s'improvise pas conférencier ou écrivain; certes, on se connaît bien, on est bien familier mais, quand même, lorsque le silence complet se fait dans l'auditoire et qu'il faut tout seul faire entendre sa voix, on lui trouve des résonances inconnues qui vous effraient un peu; on se trouve parfois tout décontenancé et... on bafouille.

Difficulté passagère, bientôt on s'affermit et, sans rivaliser avec les professionnels de la parole, on dit bien ce que l'on veut dire et c'est suffisant, pourvu que l'on ait la rime et la raison, disait feu Béranger.

Mais il faut au moins cela et ne pas parler pour ne rien dire. C'est une grave erreur de croire inutile de soigner la forme de l'écrit ou du discours pour un public de paysans. Même les plus illettrés d'entre eux jugent avec un à-propos surprenant et leur jugement est sans appel. Ceci me fait ressouvenir de quelques faits que vous me permettrez de rapporter :

C'était en 19.., à la veille d'une campagne électorale, dans une commune à 600 mètres d'altitude ; un jeune conférencier fut envoyé afin de préparer les voies. La réunion se composait presqu'exclusivement de paysans ; silencieux ils attendaient. Notre jeune homme, sûr de lui-même, plein de suffisance, croyant gagner son auditoire en flattant le pays, débuta sur le mode lyrique, chantant la beauté de nos campagnes et la belle tenue de... nos vignes! Le malheureux, il venait sans doute du Beaujolais où la vigne était florissante cette année ; mais ici, en dehors des champs de seigle, on ne rencontre que des prés et des bois de pins. Tout ce qu'il put dire de bien, après cette tirade, fut peine perdue et les paysans s'en allèrent en se gaussant de lui.

Une autre fois, dans un banquet syndical, une personnalité très en vue était présente. A l'heure des toasts, elle nous gratifia d'un long discours impeccable comme forme et diction. Puis le président, vieil homme du terroir, se leva à son tour en quelques phrases simples, émues, il synthétisait le travail accompli, formulait ses espérances d'avenir.

Je recherchais auprès des auditeurs l'impression des deux paroles :

« Le Président, me dirent-ils, a dit en moins de « mots beaucoup plus de choses que M. X... ! »

Par le bulletin, les réunions, les conférences, le champ d'action syndicale était travaillé, remué profondément ; insensiblement une élite se formait où les annexes futures trouveraient leurs administrateurs. Tout en poursuivant ce travail d'organisation intérieure, le syndicat intervenait encore chaque fois que les intérêts des paysans étaient en jeu : vicinalité, foires et marchés, lois rurales, etc...

Longtemps les pouvoirs publics le traitèrent en quantité négligeable, ou semblèrent l'ignorer. Timide d'abord, sa voix s'affermissait, le monde agricole se révélait et le législateur commençait à percevoir ses revendications. Mais les rapports furent longs à établir.

Qui dira toutes les malfaisances de l'esprit de parti jusque dans les affaires communales ? A Verlise, les foires et marchés périclitaient, le président du syndicat offrit au maire de collaborer avec la municipalité pour travailler en commun à leur relèvement.

Le paysan est détenteur de la marchandise qui alimente les réunions commerciales des foires et marchés; mais il la conduit là où se rendent les acheteurs, et ceux-ci se rendent où se trouve la marchandise. Donc de l'entente du syndicat et de la municipalité, le centre de réunion pouvait se faire à la commune : pour cela il aurait fallu que le président du syndicat décidât les cultivateurs à amener leur bétail et que la municipalité engageât les acheteurs à venir, en leur faisant quelques faveurs.

Hélas ! comme la couleur du premier n'était pas tout à fait de même nuance que celle de ces Messieurs, aucune action concertée n'eut lieu et la déchéance du commerce local s'accentua.

Périssent les intérêts de la commune plutôt que les principes électoraux.

Faits minuscules, insignifiants peut-être par leur peu d'importance, mais qui se répètent avec des conséquences plus graves dans les grandes affaires de l'Etat où l'on appelle à n'importe quel poste l'homme du parti plutôt que l'homme de la partie.

A pleines voiles.

Après plusieurs années de lutte persévérante et de multiples services rendus, le syndicat était devenu une force homogène avec laquelle il fallait compter. Les derniers paysans réfractaires à l'idée d'association venaient, enfin, de s'inscrire sur ses listes et le bulletin pouvait supprimer dans sa correspondance mensuelle la rubrique : « membres nouveaux ».

Désormais le syndicat, sûr de lui-même, allait aborder la création d'organisations mutualistes. Chaque printemps voyait éclore une institution nouvelle et bientôt les plus utiles, les plus essentielles s'édifiaient sous la garde du groupement initial.

A pleines voiles la barque syndicale filait vers le large.

Mutuelle incendie, mutuelle crédit ; assurances accidents, assurances bétail ; caisses mutuelles retraites, secours maladies, etc., viennent successivement prendre rang dans la famille des institutions syndicales. Et toutes ces créations diverses représentent déjà bien du travail. Que de défiances il fallut vaincre, que de préjugés à dissiper pour décider les paysans à donner leur adhésion !

C'était surtout au cours des longs hivers que se poursuivaient activement l'étude et la mise au point de la Mutuelle à créer.

Alors que, sous un manteau de neige, s'achève la lente germination de la semence, une autre semence est jetée dans les cœurs ; semence de mutualité, fruit d'amour.

Les réunions de bureaux se succèdent rapprochées.

Dans une humble maison sise auprès de la vieille église, montez les marches branlantes d'un pauvre escalier de bois, soulevez le loquet usé d'une porte de sapin que le temps a noircie, une chambre plus modeste encore s'offre à vos regards : une table en bois blanc, quelques chaises de paille, des bancs, forment l'ameublement principal. Sur les murs quelques chromos, réclames de machines agricoles.

Dans un angle, une petite bibliothèque conte-
nant les archives du syndicat, encore bien frustes.
Sur les rayons quelques livres, livres d'agriculture,
livres mutualistes et d'éducation sociale ; mais, Dieu
me pardonne, j'ai cru voir aussi de pures œuvres
littéraires, signées de nos maîtres classiques.

Autour de la table, sur laquelle s'étale le cahier
des délibérations, quelques paysans aux traits
graves et forts. L'un après l'autre ils parlent, lentement, creusant leur pensée, cherchant le plus
grand bien et, dans le calme, arrêtant leurs déci-
sions.

Ce sont les membres de la Chambre Syndicale
de Verlise, siégeant en leur bureau. C'est là, dans
cet humble local, qu'une élite de laboureurs se
réunit mensuellement pour étudier, préparer des
projets, ou dresser fièrement leurs protestations
contre tout ce qui lèse la justice et le droit envers
les hommes de la terre. C'est là qu'elle crée l'ordre
intérieur du syndicat, trace des règles, émet des
avis dans la plénitude de ses pouvoirs.

Mais, lorsqu'il s'agit d'annexes à fonder, c'est
l'assemblée générale qui décide.

Le dimanche, les paysans se pressent dans une vaste salle communale où, dans leurs cadres dorés, nos anciens présidents de la République semblent prendre des airs étonnés de voir rassembler ici un peuple dont ils n'ont pas connu les applaudissements.

Un conférencier, envoyé par l'Union régionale, connaissant bien le public auquel il doit parler, expose en quelques mots les avantages de la fondation proposée et se retire rarement avant qu'elle soit un fait accompli. Facilement il fait vibrer ces durs laboureurs en célébrant les champs et les moissons, la France aimée et la petite patrie du village. Souvent la journée se termine par un banquet et, s'il est encore des hésitants, lorsque vient le dessert on enlève bien vite les dernières résistances.

Journées syndicales d'avant-guerre, de quels charmes étiez-vous faites pour nous ?... Travail pieux et fraternel le matin, gaieté de bon aloi au cours de la soirée. Toutes nos vieilles chansons s'envolant en trilles joyeux vers la fin du repas. Nos jeunes hommes, nos garçons, de leurs voix graves et fortes chantant la Patrie, la terre, les troupeaux, leurs chastes amours, la famille, les berceaux. Que ces heureux jours nous semblaient bons, jours de rapprochement, de fraternité, de repos !

Et maintenant ?... Ah ! il en manque trop au village. Le banquet de 1914 fut un banquet d'adieux !

Mais, revenons à notre récit.

Pour consacrer l'unanimité des adhésions des agriculteurs de la commune, un beau drapeau aux trois couleurs nationales fut un jour solennellement offert au syndicat. Ah ! comme il était beau en ce jour de fête, comme il flottait gaiement à la tête du long défilé de paysans se rendant à l'assemblée générale. C'était l'accomplissement d'un désir longtemps contenu, désir peut-être enfantin, mais qui nous semblait bon. L'union étant enfin accomplie, le drapeau nous paraissait désormais nécessaire pour guider nos pas, indiquer notre passage et ombrager encore de ses plis, aux jours de deuil, l'humble cercueil du laboureur.

Le descendant d'une des plus nobles familles de la région représentait notre Union du Sud-Est, et ce n'est pas sans un serrement de cœur que je me rappelle ses paroles élevées et émues pour célébrer le drapeau, symbole d'union, de fraternité et de gloire, saluant la devise syndicale flamboyant en lettres d'or dans ses plis soyeux : « Le sol c'est la Patrie ».

Le drapeau ! le sol ! la Patrie ! après leur avoir consacré le meilleur de sa vie, il est mort pour eux en combattant l'ennemi. C'était le commandant M. de G...

RÉALISATIONS

Mutuelle - Incendie.

Avant de créer des Mutuelles annexes au syndicat, il faut que celui-ci soit déjà assez fort pour les soutenir dans leurs premiers pas et les subventionner à l'occasion. Il vaut mieux faire appel à la subvention syndicale qu'à celle de l'Etat. La première est désintéressée et réserve toute liberté, tandis que la seconde peut devenir bien vite le commencement du servage.

Vouloir une mutuelle locale incendie à Verlise paraissait bien imprudent et bien audacieux ; prétendre garantir suffisamment les assurés avec une caisse à peu près vide ! De braves gens s'en allaient, hochant la tête d'un air entendu, jurant bien dans leur for intérieur qu'on ne les prendrait jamais dans cette galère, qui bientôt ferait eau de toutes parts. Il fallut tout l'ascendant du promoteur de la mutuelle et toute la confiance qu'il inspirait pour décider les plus hardis à souscrire une police. Le comble, pour cette situation si peu sûre, fut que, peu de temps après, un sinistre assez important survint chez un des premiers assurés.

Les agents des Compagnies sont dans la joie : Voilà, dirent-ils, de quoi couler, et au delà, cette mutuelle qui menaçait de bouleverser nos petites habitudes de vivre sur le dos de nos clients. Le sinistre se monte bien à cinq mille francs et la mutuelle n'en possède pas mille. De bonnes âmes s'apitoient sur le fermier : « N'est-il pas malheureux ! Ce pauvre homme ! il ne touchera pas un sou. Mais aussi, a-t-on idée de s'assurer dans ces conditions ? etc., etc. » S'en vont sur ce ton commérages et cancans.

A quelques jours de là, sur le chemin qui conduit au hameau du sinistré, trois hommes, trois paysans, s'en vont de leur pas tranquille en devisant de la pluie et du beau temps. Ce sont les membres du bureau de la mutuelle locale, allant constater et estimer les dégâts de l'incendie. Sans bruit et sans heurt, ils traitent à l'amiable avec l'intéressé. Une indemnité totale de six mille francs lui est accordée, payable dans le mois.

Avant la date fixée, la somme est comptée en bons billets de la Banque de France. La caisse régionale et ses réassureurs fournissent la grosse partie et la caisse locale coopère seulement pour six cents francs que la chambre syndicale s'empresse de lui rembourser sous forme de subvention. Elle n'est donc pas appauvrie et les profanes étonnés n'y ont jamais rien compris ; mais les paysans ont compris, c'est bien suffisant. Primes minimes, règlements amiables, bien payés, c'est tout ce qu'il faut. Aussi la mutuelle du village couvre aujourd'hui de sa garantie la majeure partie de nos fermes. Et nos paysans sont tout étonnés lorsque, au rapport de fin d'année, on leur avoue que les risques couverts s'élèvent à près de deux millions de francs. « Jamais je n'aurais cru que nous étions « si riches, disait un jour l'un d'entre eux en sor- « tant de la réunion. »

Mutuelle orédit.

Le crédit est chose délicate. Le paysan n'aime pas à faire connaître l'état de ses affaires. Tant qu'il peut tout petitement se suffire il ne demande rien à l'emprunt ; il ne considère pas le crédit comme un moyen d'affaires plus faciles, plus productives et plus souples, mais comme un moyen de détresse auquel il fait appel en un moment d'urgente nécessité.

Les débuts d'une mutuelle *locale* de crédit sont presque toujours difficiles. Je souligne le mot *locale* parce que le paysan préférera souvent s'adresser à la caisse cantonale ou régionale, son anonymat lui paraissant plus assuré. On mettra bien longtemps pour le familiariser avec la caisse locale et lui faire entendre qu'elle est sa banque à lui, comme le commerçant a la sienne à la ville. Mais il faut s'efforcer de le fixer à cette petite banque paysanne du village qui a le grand avantage de le soustraire aux prêts usuriers consentis en secret sous le manteau de la cheminée. Il faut pour cela une administration bienveillante qui mette l'emprunteur à l'aise et lui facilite sa libération par des versements périodiques. Sinon, la facilité de l'emprunt, au lieu d'améliorer la situation de l'emprunteur, risquerait plutôt de l'aggraver.

En effet, le retour des revenus de la terre est parfois à très longues échéances, surtout sur certains domaines de fertilité moyenne, et c'est la majorité des cas ; certaines améliorations culturales ne seront quelquefois recouvrées qu'après de longues années. Nous offrons de l'argent au paysan à six mois, à neuf mois, un an au maximum ; il en profite pour engager des dépenses, productives à n'en pas douter, mais, comme à l'échéance elles n'auront pas encore donné une augmentation de revenus, il lui faudra rembourser quand même et il sera donc plus gêné qu'auparavant.

A Verlise, la création de la mutuelle crédit s'étant faite sans bruit, sans réclame, les paysans se demandaient si c'était bien vrai que l'on prêtait de l'argent aux membres du syndicat, pas cher et discrètement.

Un dimanche de l'automne 19.., au temps des semailles, le fermier R... du hameau de Châtelard, s'en vint au siège du syndicat demandant à voir

V... administrateur du crédit agricole. Il lui parla de choses indifférentes tout d'abord ; V.. le laissait faire bien qu'il comprît de quoi il s'agissait. R... voulait emprunter, eh oui ! mais il lui fallut longtemps pour l'avouer, croyant sa demande humiliante.

— Je n'ai que deux bœufs, dit-il enfin, je viens d'en perdre un, et le travail est là, pressant ; je n'ai pas d'argent pour racheter, mais ma récolte n'est pas vendue et l'on me dit que le syndicat en prête. »

Il s'arrêta à bout de souffle, mais V... le rassura lui indiquant les petites formalités nécessaires.

— Dans trois jours, lui dit-il, vous aurez votre argent et, à la foire voisine, vous pourrez vous remonter, puis achever vos semailles. »

Le président du syndicat comprenant la timidité des emprunteurs et leur gêne à avouer leurs besoins d'argent imagina un moyen pour réduire au minimum l'ennui de la demande. Il fit placer une boîte aux lettres spéciale pour les demandes de crédit, fit imprimer et distribuer des formules toutes prêtes, ainsi libellées :

SYNDICAT AGRICOLE DE VERLISE

CAISSE DE CRÉDIT

Monsieur le Directeur de la Caisse de Crédit,

*Veuillez me consentir le prêt de la somme de .   . fr.
pour.   . mois, à l'usage de.   .   .   , ...
.   .   .   .*

Recevez, Monsieur, mes sincères salutations.

Signé :.   .   .   .   Membre du Syndicat agricole.

Verlise, le.   19

Les emprunteurs n'ont qu'à remplir les blancs,
signer et déposer dans la boîte placée à cet effet.
Tous les dimanches les administrateurs se réunissent, ouvrent la boîte, statuent sur les demandes et
font aviser le demandeur de l'acceptation ou du
refus de l'emprunt ; il n'a plus qu'à se présenter
chez le trésorier qui lui fait signer l'effet pour la
somme prêtée.

Je ne sais pas si c'est très régulier, mais c'est en tous cas très humain. Et puis les services rendus ne se comptent plus : à l'un pour compléter son cheptel bétail, à l'autre pour l'achat de machines agricoles, ou bien encore pour des améliorations culturales, achats d'engrais, assainissement, drainages, etc... Le prêt à long terme vient compléter cette banque paysanne, permettant à chacun l'achat d'une maison et d'un peu de terre. D'autres apportent leurs économies, elles suffisent au mouvement des prêts. C'est donc un échange constant de services entre ceux qui possèdent et ceux qui ne possèdent pas, sous la tutelle et la surveillance syndicale.

Assurance Accidents.

L'assurance accident fut établie de bonne heure à Verlise. Comme pour toutes nouveautés elle rencontra d'abord plus de scepticisme que d'enthousiasme. « Peuh ! disait-on, des accidents, il en arrive « si peu à la campagne. » Cependant, qui ne se souvient de cas très graves et fréquents, grevant de lourdes indemnités à payer de petits cultivateurs déjà bien inquiets pour équilibrer leur faible budget en temps ordinaire.

Oui, les accidents agricoles sont fréquents quoiqu'en aient dit certaines personnes ; avant qu'il y ait assurance on s'en rendait moins compte, mais depuis qu'elle existe il ne se passe pas de semaine qu'il n'y ait quelques déclarations.

L'assurance c'est la tranquillité du paysan et ceci vaut déjà bien la prime demandée. Quoi de plus angoissant que de se savoir chaque jour responsable des multiples accidents qui peuvent survenir, au cours de nos travaux, au personnel employé ou à des tiers, soit du fait des machines diverses utilisées, toujours dangereuses, soit de la part des animaux, à la ferme, au marché, sur les routes, etc. ? Combien de fois j'ai vu les indemnités payées aux sinistrés du syndicat s'équilibrer au total des primes perçues.

Pour l'assurance accident, comme pour l'assurance incendie, il fallait le règlement favorable de quelques cas graves pour développer une confiance quelque peu limitée au début. Ainsi, au cours de la première année, le fermier de chez Grand'Prêle, revenant du marché, dévalait la côte qui descend

au canton au grand trot de sa jument grise, lorsqu'au détour de la route il fit trébucher un pauvre
homme qui s'en allait par le chemin. Bras cassé, arti-
culation lésée, guérison longue.

Ah ! comme il était en peine des suites de l'accident ce petit fermier ! Chaque jour de bonnes
âmes se plaisaient à lui mettre « la puce à l'oreille »
comme on dit chez nous :

« Tu es bien mal placé avec ton syndicat,
« comment veux-tu qu'il te garantisse suffisam-
« ment pour une prime aussi minime ! L'accident
« est grave, tu as affaire à un gaillard qui ne te
« ménagera pas, il te mènera devant les tribunaux,
« tes deux bœufs n'abonderont pas pour le payer. »

Le dimanche suivant il venait au bureau du syndicat où Claude Delorgue, le président, se tenait
tous les matins fériés en permanence :

— Pensez-vous que je sois bien assuré, lui disait-il. On me dit ceci, on me dit cela, je suis vraiment bien ennuyé. Que faut-il faire ?

— Rien, lui disait mon ami, dormez tranquille,
je vous réponds de tout. »

Il repartait calmé ; les mauvaises langues conti-
nuaient ; il revenait.

Enfin, malgré toute la bonne volonté du sinistré à prolonger sa convalescence, il dut un jour s'avouer guéri et le règlement eut lieu. Mais le médecin ayant, dans son rapport, reconnu une réduction de capacité de travail, le bonhomme réclame trois mille francs. L'assurance le renvoie à deux mille et notre adhérent en est quitte avec sa prime de vingt-cinq francs.

De ce jour, sûrs de la garantie offerte, les paysans viennent à l'assurance chaque année plus nombreux.

Assurance Grêle.

Le syndicat se faisant l'intermédiaire de ses membres auprès d'une grande mutuelle-assurance grêle, celle-ci consent un tarif réduit en leur faveur.

Il faut être paysan pour comprendre l'angoisse qui nous étreint lorsque de l'horizon monte l'orage, en grondant d'un tonnerre continu, et que les anciens nous disent : « Pour sûr il y a de la grêle. »

Les blés sont presque mûrs et se penchent déjà ; encore quelques jours, on allait les coucher en gerbes. Et les grêlons commencent à tomber. Quelques-uns d'abord, comme les éclaireurs d'une armée plus nombreuse ; mais bientôt drus, serrés, ardents dans leur course, poussés par le vent, ils abattent, broient, anéantissent en quelques instants les plus belles moissons. C'est une perte considérable parfois ; mais c'est encore plus l'ennui de voir perdue tant de beauté que l'on avait créée.

L'assurance comble la perte, mais on pleure la poésie du champ de blé perdu !

Mutuelle Bétail.

Le syndicat de Verlise, poursuivant son idéal de prévoyance envers ses adhérents, voulut qu'ils soient aussi garantis contre les pertes de leur bétail.

Les troupeaux à la ferme, source importante de profits, fournissent encore la force motrice pour défricher les champs et pour les transports à effectuer sur le domaine et au dehors. Leur perte, toujours sensible, peut aller quelquefois jusqu'à entraîner la ruine du fermier, surtout dans les petites exploitations.

J'ai vu, ici, une application intéressante de l'assurance bétail. Une pauvre veuve, la mère Catherine, possédait pour tout bien une unique vache dont les produits l'aidaient à vivre. Sur les conseils du voisin Nicolas, elle contracta une assurance à la mutuelle syndicale. Or, un beau jour, sans crier gare, la bonne bête trépassa. Grand émoi de sa maîtresse, elle pleurait la vache, elle pleurait la perte. Le voisin survint à ses cris : « Mais, lui « dit-il, n'êtes-vous pas assurée à la mutuelle ?

— C'est, ma fine, bien vrai. »

Elle n'y songeait plus dans son désespoir. Du coin de son tablier s'essuyant les yeux, elle partit dare-dare trouver le président de la mutuelle qui, après les constatations nécessaires, lui remit 80 °/₀ de sa perte, lui permettant ainsi de reconstituer son humble fortune.

Mutuelle Retraites.

Le rôle du syndicat est de suivre ses adhérents du berceau à la tombe. Après avoir facilité au paysan le développement de sa pleine activité dans le temps de ses jours de force et de travail, il doit aussi songer à l'heure de son automne et aux jours tristes de l'hiver.

A l'ouvrier de la terre, au laboureur qui toute sa vie fut battu par les autans, travaillant sous l'âpre morsure des bises d'hiver, comme sous les baisers brûlants du soleil de juillet, il convient de faciliter l'accès de quelques jours de calme et de repos, à l'abri de toute crainte pour le pain du jour, avant de s'en aller vers les champs éternels.

Et je dis bien « faciliter » l'accès à la retraite à ceux qui la désirent, car on doit se rendre à l'évidence et reconnaître que, malgré sa valeur d'œuvre de prévoyance de premier ordre, il est peu de paysans qu'elle intéresse. La raison de cette indifférence ? C'est que lorsque celui-ci quitte le travail c'est pour se coucher et... mourir.

Mais le syndicat de Verlise jugea bon de réagir et fonda quand même sa mutuelle retraites, parce qu'il sait aussi que le repos est bon aux vieux jours, que l'homme ne doit pas toujours rester l'esclave du travail, que son âme doit pouvoir s'arracher à son pouvoir, trop absorbant, pour rechercher dans la paix le chemin de sa source et remonter plus pure dans le sein de son Auteur.

Afin de rendre l'institution plus intéressante, le syndicat la subventionne chaque année pour lui permettre d'élever le taux de ses retraites. Il engage ses adhérents à faire des versements plus forts, mettant en parallèle les versements effectués par les employés des grandes administrations et de l'État (dont ils envient parfois les retraites qui garantissent pleinement à ces derniers la tranquillité pour la vieillesse) et les leurs, trop faibles la plupart du temps pour arriver à des résultats équivalents.

Mutuelle Secours-Maladies.

Elle est le complément naturel de la mutuelle retraites. Le président Delorgue ne crut pas devoir la réaliser par des versements spéciaux et une organisation analogue à celle des sociétés de secours mutuels.

« Le paysan, me dit-il, n'est pas un prolétaire,
« il fait peu de cas des légères indemnités payées
« par les sociétés de secours mutuels. Lorsque la
« maladie ou l'accident l'immobilisent, son grand
« ennui c'est l'arrêt de ses travaux, surtout à

« l'époque des semailles ou des récoltes. Le meil-
« leur service que la société ou le syndicat puisse
« lui rendre, c'est d'en assurer la continuité. C'est
« l'aide mutuelle en nature, la mise en pratique du
« commandement divin : aimez-vous, aidez-vous les
« uns les autres. »

Le syndicat fut divisé en sections ; chaque section assure le travail de ses membres empêchés par
la maladie ou l'accident et continue encore ses bons
offices auprès de la mère ou des orphelins, en cas
de mort.

J'ai vu l'application pratique de ce système souple et efficace. C'était en juin, les paysans prépa-
raient faulx et faucheuses ; déjà quelques prés précoces étaient couchés, lorsqu'un matin le président
fut prévenu que Jean-Claude R... était malade,
incapable de conduire ses fenaisons. C'était à n'y
pas croire ; encore jeune, taillé en hercule, R... pas-
sait pour un de nos cultivateurs les plus forts et
les plus robustes. Or, il était bien mal puisqu'il
gardait le lit : quand le paysan se couche c'est toujours grave.

Les voisins furent convoqués, le travail réparti ;
Pierre qui possède une faucheuse et de bons bœufs

se charge de couper les prés ; d'autres, Antoine, Paul et Jean rentreront le foin à la grange. Avant de penser au leur, le travail du malade fut terminé.

Il mourut quelques jours après, en plein été. Les moissons s'annonçaient prochaines. Pour donner à sa veuve le temps de le pleurer et d'organiser sa maison pour une absence désormais définitive, la récolte des blés fut encore assurée par les mêmes moyens.

L'année suivante, dans un autre hameau, M... se ractura une jambe au temps des semailles. Ses voisins assurèrent le travail qu'il était incapable de faire. A tour de rôle ils allaient se mettre à sa disposition, tantôt conduisant la charrue, tantôt recouvrant la semence jetée sur le sillon.

Ainsi les cas se succédaient en variant d'époque, mais se résolvaient avec une entière bonne volonté, à la satisfaction de chacun.

Mais, pendant la guerre, toutes les familles étant touchées par le malheur ou le départ de leurs membres les plus actifs, il ne paraissait plus possible de faire appel à l'aide mutuelle pour tant de travaux qui restaient en souffrance. Jamais, cependant, elle ne fut plus généralisée. Spontanément, sans appel officiel, pendant ces quatre années de guerre, nos paysans s'entr'aidèrent. Les hommes trop vieux pour partir aux armées, mais encore valides, se multipliaient ; ils allaient des uns aux autres, à la veuve, à la femme seule, aux infirmes, aidant ici à rentrer la récolte, ailleurs aux labours, aux transports, aux semailles. Et si bien, que sur toute l'étendue des campagnes englobées par le syndicat, pas une défection ne se produisit, toutes les fermes donnèrent des récoltes normales et les troupeaux furent maintenus.

Une Maison Syndicale.

Jusqu'ici le syndicat s'était contenté d'un simple appartement pour abriter ses premiers pas et accueillir la naissance des annexes de mutualité et de prévoyance. Mais le paysan aime à donner des assises stables à tout ce qui l'intéresse, il répugne à la précarité d'une simple location. Comme il crée ses œuvres moins pour lui-même que pour les siens et ceux qui naîtront de sa souche, il aime, de son vivant, établir sur des fondements solides ce qu'il édifie pour l'avenir.

Une maison ayant face sur la place publique fut acquise, transformée. Au rez-de-chaussée, vastes dépôts de marchandises avec bureau pour le gérant, en attendant la coopérative à venir dont les bases sont ainsi jetées. Au premier, salle de réunions à l'usage des différents conseils d'administration et grande pièce pour assemblées générales.

Le nomade au désert, libre possesseur de l'espace, dresse sa tente le soir où ses pas l'ont conduit et l'enlève au matin. Dans sa nonchalante contemplation sans fin de l'immense univers, sous son ciel sans nuage, il se rend peut-être mieux compte que nous de la petitesse de l'homme et de l'inutilité de l'effort pour construire une maison de pierre en faveur d'une créature qui dure si peu.

Mais dans notre monde vieilli, où le champ de chacun est bientôt limité par la borne du voisin, nous prenons des racines profondes qui fixent les générations. Ce champ rétréci, si petit soit-il, fut acquis, fécondé par une longue série d'aïeux qui ont laissé en lui quelque chose d'eux-mêmes. Leur amour, leurs sueurs et leurs vieux rêves de survivance dans de nombreuses lignées de petits enfants planent encore sur la maison ; le vent du soir qui gémit sous la porte les redit à la veillée et c'est peut-être aussi le motif du chant de l'alouette au matin.

Toute vie paysanne a la même préoccupation, ouvrier agricole, fermier, métayer, n'ont qu'un but : acquérir un toit et un champ bien à eux. Dès leurs jeunes années ils en ont la hantise, et ceci explique leur endurance au travail, leur économie sévère, jamais en défaut. « Père, disait un bambin, fils de « fermier, je voudrais bien une maison à nous. N'en « aurons-nous jamais ? »

Il y avait des larmes dans cette voix enfantine qui tremblait un peu sous la violence du désir.

Oui, petit, tu auras ta maison désormais et tous les petits paysans avec toi. La maison syndicale sera la maison de tous. Elle sera claire, agréable, propice à vos jeux, à vos études professionnelles. Vous y trouverez appui et conseil, tout ce qui pourra faciliter votre vie laborieuse. Et, lorsque vous serez grands, c'est encore vers elle que vous vous réunirez le dimanche, vous viendrez prendre votre part de travail dans l'administration syndi-

cale, votre part de dévouement, d'action et de...
responsabilité. Elle sera vraiment vôtre et ne laissera rien à envier aux plus belles du village.

Toujours plus haut.

A la pratique journalière de la mutualité sous
ses formes les plus diverses, bien des haines, bien
des jalousies mesquines sont tombées pour faire
place à l'entente, à la solidarité, à l'amitié. L'éducation sociale des membres du syndicat se poursuit
ainsi vive et active. La maison syndicale est un
centre d'études et d'action en permanence. Chaque
dimanche des réunions s'y tiennent : tantôt la Mutuelle incendie ou la Mutuelle accident règle un
sinistre ; tantôt le conseil d'administration de la
Mutuelle crédit examine les demandes de prêts ou
la Mutuelle retraites encaisse les versements de ses
adhérents. Ajoutez à cela les réunions mensuelles
de la chambre syndicale et le nombre, toujours
plus grand, de services divers qui se créent, chaque jour, et vous aurez une idée encore bien impar-
faite du mouvement et de la vie qui animent la
maison syndicale de Verlise.

Office de Placement.

Chacun de nous a éprouvé la difficulté qu'il y a à se procurer la main-d'œuvre nécessaire aux travaux de la terre. Pour y obvier, dans la mesure du possible, un bureau spécial fut institué.

Il inscrit les offres et les demandes et les transmet aux intéressés. Il prend des informations sur l'honnêteté de l'ouvrier comme sur la moralité et la tenue de la maison qui le recherche, offrant ainsi aux deux parties des garanties qui leur permettent de s'engager en toute sécurité.

En cas d'insuffisance de main-d'œuvre du pays, il se met en relations avec les comités qui s'occupent de main-d'œuvre étrangère. Mais on n'y fait appel qu'en dernier ressort et lorsque les plus hauts prix offerts n'ont pu décider les hommes du pays à quitter l'atelier pour venir aux travaux des champs.

Conseil d'Arbitrage.

Les procès ne sont pas nombreux entre cultivateurs du village ; mais, quand même, afin de les prévenir, un conseil d'arbitrage fut constitué. Trois paysans, trois sages, le composent et les menus conflits qui s'élèvent parfois entre voisins, à propos de bornes ou de dégâts commis par les troupeaux, se tranchent toujours amiablement près de ce pacifique tribunal. Les villageois de Verlise ne vont plus au canton chez le juge de paix, que pour avoir oublié de mettre du feu le soir à leur lanterne ou le « museau » à Pataud le bon chien.

Coopération.

Nous étions à l'époque où M. Ruau, alors ministre de l'Agriculture, contestait aux syndicats le droit de s'occuper de questions commerciales. Pour parer au danger et réserver toute liberté d'allure au syndicat, une coopérative à responsabilité illimitée fut fondée. A base démocratique, parts peu élevées, égalité des sociétaires ; quel que soit le nombre de parts dont ils sont porteurs, ils n'ont jamais droit qu'à une voix dans ses assemblées, et les trop perçus sont répartis au prorata du chiffre d'affaires réalisé par chacun d'eux.

Le syndicat n'a pas de surface pour emprunter ; la coopérative dont les membres sont solidaires voit l'argent affluer à sa caisse. Elle peut entreprendre toute affaire commerciale, acquérir des immeubles, etc. Sur ses bénéfices des parts spéciales sont prélevées pour les services de presse, de propagande, publications diverses, comme aussi pour subventionner les œuvres sociales qui réclament un secours.

Le syndicat, c'est l'arme de combat, la coopérative en est le banquier. Les deux organisations se complètent mais ne s'annihilent pas, elles ont chacune leurs fonctions propres. La coopérative est le complément nécessaire du syndicat qui se trouve ainsi déchargé du poids des affaires matérielles, par conséquent, plus libre pour l'étude de toutes les questions professionnelles qui s'imposent à notre attention ; il est rendu à sa véritable fonction, qui doit être la représentation officielle de la profession. Tandis que la coopérative apporte à ses adhérents une liberté plus grande en les délivrant de la sujétion onéreuse des intermédiaires dans l'achat et la vente, elle achève l'homogénéité du corps professionnel qui, désormais, travaille, produit, échange, dans la totalité de son indépendance.

Éducation corporative.

L'homme vit peu de temps, déjà quelques ouvriers de la première heure sont tombés ; la liste du registre nécrologique s'allonge chaque année ; il faudra pourvoir aux remplacements inévitables, et comme en ce monde ce sont toujours les jeunes qui ont le plus de chances de durer davantage, c'est donc vers eux qu'il faut nous pencher pour trouver des continuateurs à l'œuvre d'organisation paysanne.

Les jeunes gens, les jeunes hommes furent convoqués à des réunions périodiques, tenues à la maison syndicale. Un ancien élève de nos grandes écoles d'agriculture vient leur enseigner, à son tour, les méthodes modernes de culture et de fertilisation, tout en les familiarisant avec l'administration des institutions syndicales. Afin de joindre la démonstration pratique à l'enseignement théorique, le syndicat achète lui-même des engrais et des semences sélectionnées dont il ordonne l'essai sur quelques parcelles de terrains chez différents cultivateurs. A des jours fixés, les jeunes les visitent,

étudiant ainsi comparativement la valeur fécon-
dante des engrais et la vigueur plus grande des
plantes de choix.

Et ceci se nomme : le groupe d'études du syndicat de Verlise.

Une des causes d'infériorité sociale du paysan
c'est son peu d'instruction ; il a peu de goût à l'étude
parce qu'il a peu de temps à lui consacrer. De bonne
heure le jeune paysan est pris dans l'engrenage
terrible du travail quotidien qui jamais plus ne le
lâche. La tâche est toujours au-dessus des forces,
elle renaît chaque jour, tel le rocher de Sisyphe ;
il a beau mettre tout son courage à soulever le faix
de son travail, toutes ses forces à l'accomplir, toujours plus lourd, toujours plus fort que lui il le
domine et finit un jour par l'écraser. Dans ces conditions, il apprend ce que son père lui enseigne
sur la culture de son champ ou la tenue de son
troupeau et se soucie peu de savoir ce qu'il y a
au delà de son horizon coutumier.

Ah ! ne vous moquez pas, à la ville, du peu d'instruction du paysan. Chez vous l'école est là, tout
près, le trottoir toujours propice à la marche, des

moyens de transport faciles et peu coûteux, des cours gratuits pour toutes les sciences; tandis que nos petits garçons, nos petites filles s'en vont pendant des kilomètres claquant leurs petits sabots sur la terre gelée ou pataugeant dans la boue ou la neige de nos chemins ruraux pendant les mois d'hiver, et reviendront prendre leur part aux rudes travaux d'été, dès que les premiers nids s'esquissent dans les branches.

L'Union des Syndicats du Sud-Est, toujours prête aux initiatives généreuses, créa les cours agricoles par correspondance, portant ainsi la science, le savoir, jusqu'au foyer de la ferme, aux esprits de bonne volonté. Le syndicat local dirige les jeunes paysans dans cette voie.

Un homme de cœur, M. Gonin, fonde à Lyon la Semaine sociale agricole. L'élite des pupilles du syndicat de Verlise y prend part et s'en va suivre les enseignements des maîtres éminents qui, tour à tour, viennent parler de l'organisation sociale des ruraux.

Malgré la très réelle et très grande valeur de cet enseignement et le dévouement de ses promoteurs, il me fait l'effet de cours supérieurs qui n'atteindront jamais qu'un très petit nombre, ceux qui auront au moins terminé de bonnes études primaires. Mais les autres, le grand nombre des enfants qui ne vont à l'école que quelques mois d'hiver, qui prendra soin de leur instruction, au moins lire et écrire passablement ? Qui leur ouvrira des horizons nouveaux, loin des routines ancestrales, qui leur apprendra au moins les principes élémentaires de fertilisation, capables de doubler, tripler la valeur de leur sol ?

Ah ! lecteurs, il vous a sans doute été donné de recevoir des lettres de ces enfants des campagnes pendant la guerre. J'en ai reçu, et c'est à pleurer. Ces jeunes gens participant au plus terrible des drames, l'âme pleine de visions de bataille, le cœur débordant d'amour, de foi, d'enthousiasme même, essayant de s'exprimer avec des mots inimaginables, des tournures de phrases et des orthographes impossibles à analyser et à décrire ! Combien ils doivent en souffrir !

Je constate en passant les beaux résultats donnés par l'instruction obligatoire ; car ces cas ne sont pas des exceptions, loin de là : le nombre des illettrés sachant à peine lire, à peine écrire pour se faire comprendre est inconcevable. L'instituteur s'intéresse peu à ces élèves de quelques mois et ses soins se portent, de préférence, sur ceux qui suivent la classe pendant les dix mois scolaires.

Si l'agriculture était prospère, la main-d'œuvre moins rare, le paysan consentirait bien à laisser ses enfants plus longtemps à l'école, mais il y a tant à faire à la maison qu'il met de bonne heure ses fils au travail.

Le syndicat peut, dans une certaine mesure, atténuer le mal, il peut au moins compléter leur instruction au point de vue professionnel. C'est à lui à s'occuper des plus humbles enfants du village et ils viendront à son invitation, ne serait-ce qu'une fois par semaine, le dimanche. Ils seront heureux de se rencontrer ensemble à la salle de réunions qu'il faut faire attrayante ; ils feuilletteront avec intérêt des publications illustrées, puis écouteront, dociles, les enseignements donnés par un paysan qu'ils connaissent et qui saura se faire aimer.

C'est le travail qui se fait à Verlise. Le président du syndicat se fait un plaisir de venir s'asseoir quelques instants parmi les jeunes paysans du village. Son expérience corrige, explique en termes simples les données, parfois trop abstraites des traités d'agriculture, apportant ainsi sa contribution volontaire à l'élévation lente mais sûre des enfants de nos hameaux.

Mais il voudrait voir l'école primaire l'aider dans sa tâche, entrer résolument dans la voie de l'enseignement professionnel. Pour stimuler maîtres et élèves, le syndicat organise des concours et donne des récompenses pour encourager les efforts des uns et des autres. On conçoit mal, en effet, que les programmes scolaires soient les mêmes pour la ville et la campagne et ne tiennent pas plus compte des différences de vie profonde des divers milieux où ils sont indifféremment appliqués.

Que voulez-vous, par exemple, qu'un petit paysan s'intéresse à apprendre la population de quelques villes chinoises aux noms baroques ou les degrés de chaleur du centre de la terre ? Mais il écoutera avec attention une histoire rétrospective de nos méthodes culturales, leurs progrès constants, ce qui se fait chez les autres peuples et tout ce qui a quelque rapport avec la profession paternelle. Il faut lui dire la beauté, la poésie, la grandeur du travail des champs ; il faut lui dire que la simplicité de l'habit n'empêche pas la noblesse du cœur et que des mains calleuses peuvent être loyales et bonnes, afin qu'il soit plus fier de son métier et reste toujours avec amour dans nos libres campagnes.

Et ceci est le lot de l'école primaire, parce que les écoles spéciales d'agriculture sont rares, éloignées et les pensions bien chères au budget du laboureur.

Si la formation du jeune paysan est nécessaire dès les bancs de l'école, celle de la jeune fille n'est pas moins utile. A celle qui doit être la compagne de ses travaux il faut aussi une formation spéciale.

Ici le syndicat ne peut pas intervenir directement, mais par son influence il détermine les maîtresses d'école à faire de l'enseignement ménager dans leurs classes et, aussi en dehors, par des cours post-scolaires. Nos unions syndicales et le syndicat local les aident de quelques subventions et accordent des récompenses aux meilleures élèves en fin d'année. Afin de mieux caractériser le but poursuivi, qui est la formation de la femme de campagne, ces récompenses sont données solennellement à la première assemblée générale des paysans du syndicat, qui suit la clôture des classes.

De combien de soins ne mérite-t-elle pas d'être entourée, cette formation de la paysanne ? Sur elle repose l'avenir, la stabilité de la maison. Elle est la collaboratrice du maître ; pendant qu'il s'occupe des choses extérieures, c'est elle qui veille au foyer, assurant à tous le double vêtement pour l'hiver, la huche toujours pleine. Ses fils, ses serviteurs doivent être mis convenablement et sa table abondante de mets simples et sains. Il faut que sous sa ferme houlette, chaque sujet de son petit royaume soit heureux d'obéir ; elle doit dominer sans effort et régner d'un sourire.

Un Cours de Chant.

Certain soir, mon ami Delorgue s'en vint à ma ferme, toujours souriant ; mais son front barré d'un pli profond m'indiquait qu'il ruminait quelque chose.

« J'assistais, me dit-il, il y a quelques jours à
« une petite fête paysanne chez le fermier de la
« Tour. Je fus très affligé de constater que nos
« jeunes gens ne savent plus chanter. Ils dédai-
« gnent nos vieux refrains pleins de verve, d'es-
« prit et d'humour; ils se croient plus malins parce
« qu'ils nous écorchent les oreilles de quelques
« airs sautillants, issus du café-concert de la sous-
« préfecture, accompagnant des paroles niaises et
« sottes, lorsqu'elles ne frisent pas l'immoralité.
« C'est nauséeux et de mauvais goût. Il faut réa-
« gir. »

C'est son mot chaque fois qu'il se trouve en présence d'un fait qui choque la justice ou le bon sens.
Et c'est bien vrai, on chante moins dans nos campagnes, on ne sait surtout plus chanter. On oublie
les vieux chants du pays ; seules quelques gau-
drioles rapportées du régiment subsistent dans les
mémoires. Il faut une rééducation du goût.

Dans le groupe d'étude de Verlise, le président
du syndicat fit un choix de belles voix. Un ancien
musicien de l'armée, organiste à l'église, mit gra-
cieusement ses talents au service de la cause. S'aidant d'un vieil harmonium aux touches édentées,

il leur apprit à chanter les bonnes chansons du terroir, chants larges comme la voûte des cieux, montant en notes graves de robustes poitrines. Dupont, le chansonnier lyonnais, est particulièrement mis à contribution et c'est plaisir d'entendre « Les grands bœufs », « Ma vigne », « La vache blanche », « Le pâturage », etc. Les vieux qui viennent les écouter mêlent leurs fortes voix aux voix un peu grêles des jeunes. Et puis, dans la semaine, chacun à sa charrue redit encore par les champs la chanson que dimanche il apprit.

La gaieté est un indice de bonne santé, elle aide à bien remplir le travail, et sa meilleure manifestation c'est le chant. La voix humaine !... Connaissez-vous quelque chose de plus impressionnant que la voix humaine ? Je n'en connais pas ; et lorsque dans le calme de nos pleines campagnes, la voix ample et forte d'un bouvier au labour s'élève, chantant l'immortelle chanson du blé ou des bœufs, je m'arrête et j'écoute, ému comme à une prière de la terre en travail s'élançant chercher Dieu jusque dans son royaume. Craignant de troubler ce prêtre de la nature, je m'efface à demi dans l'ombre du chemin et le laisse achever l'hymne grave et puissant dont les strophes s'en vont, par l'écho répétées.

L'Œuvre des petits bergers.

Rien de ce qui intéresse la vie morale et matérielle des hommes de la terre ne doit laisser le syndicat indifférent.

Quelques années avant la guerre, dans la petite ville de Feurs, des hommes de cœur, prêtres et laïques, se réunirent pour tâcher de réagir contre les conditions défectueuses, immorales même, dans lesquelles vivaient les petits domestiques de ferme, les bergers : grabats dans l'étable, souvent partagés avec des garçons plus âgés, point de dimanche, point de joies pures, rien que la promiscuité de compagnons vicieux, la plupart du temps, et la malpropreté de leurs tristes réduits.

Une association des jeunes domestiques du Forez fut fondée et les promoteurs de l'œuvre, aussitôt à l'action, firent appel à l'aide des particuliers et des groupements syndicaux pour réclamer des cultivateurs les réformes nécessaires, intéressant à la fois l'hygiène et la morale, en faveur de leurs employés. Ils demandaient d'abord le lit individuel et, mieux encore, de petites chambres séparées pour chacun, propreté du couchage, blanchiment des étables, temps nécessaire pour la pratique des devoirs religieux.

Dans chaque commune où l'association comptait une section, des réunions mensuelles groupaient les bergers pour quelques heures de l'après-midi du dimanche ; des causeries, des jeux, les occupaient, rompant un instant la monotonie de leur vie solitaire près de leurs troupeaux.

Les patrons furent sollicités individuellement pour accomplir chez eux les améliorations demandées. Cette initiative, comme tout ce qui dérange la routine, fut accueillie plus que froidement. Il fallut la charité inlassable des généreux fondateurs de l'œuvre pour triompher du mauvais vouloir et obtenir quand même, ici et là, quelques réformes qui bientôt faisaient tache d'huile et devenaient le centre d'améliorations nouvelles alentour.

Dès le premier appel, le syndicat de Verlise s'engagea dans l'action en faveur de cette organisation intéressante, et c'est alors que son président Delorgue répondant à un de ses amis d'un syndicat de la plaine écrivit :

... « As-tu réfléchi à l'urgence et à la valeur de l'association des jeunes domestiques du Forez ? Je crains bien que non ; il m'a semblé plutôt découvrir dans ta lettre une certaine méfiance et comme une vague hostilité.

« Je te comprends : gros fermier occupant un nombreux personnel, président du syndicat de ta région, composé d'agriculteurs comme toi, tu te demandes ce que veulent bien ces fâcheux qui menacent de bouleverser vos petites habitudes païennes. Oui, n'est-ce pas, en payant le prix convenu vous vous croyez quittes de toute autre obligation envers les personnes que vous employez. Et cependant, avez-vous tenu compte des nécessités impérieuses de vie morale et religieuse de ces hommes, ces femmes, ces enfants que vous occupez ; avez-vous réfléchi qu'ils ont comme vous une âme immortelle dont la valeur est infinie, que cette âme a besoin d'aliments qu'elle ne trouvera et ne s'assimilera que dans certaines conditions de santé normale ? Permets à ton ami, un vieux syndicaliste, de te dire l'aide que vous pouvez apporter à cette œuvre.

« Quel est le but de ton syndicat, qu'y faites-vous ? Ah ! votre but, d'après ton dernier compte rendu, me paraît assez peu élevé, vous êtes bien près de terre, que dis-je, bien près, vous êtes tout à la terre. Mais vous êtes gens sages, n'est-ce pas, et combien terriblement pratiques ! Si vous la remuez beaucoup, la terre, sans doute ce n'est pas par amour pour elle, pour la parer et la rendre plus belle, certes non, mais afin d'y amasser un peu d'or. Le syndicat entre vos mains n'est, trop souvent, qu'un instrument nouveau destiné à vous faciliter l'acquisition de plus grands biens matériels.

« Et pourtant, gagner de l'argent n'est pas toute la vie, même pour un syndicat. Crois-moi, il y a mieux à faire. Le syndicat doit viser plus haut que les bénéfices monnayés en aidant ou prenant l'initiative de toute organisation ayant pour but principal l'élévation et l'éducation morales des individus... »

« Pour retenir à la campagne ceux qui y sont et, par conséquent, ralentir les flots de l'exode rural, écrivait J.-H. Ricard, dans le numéro du 5 décembre 1918 de la *Démocratie Nouvelle*, il ne faut reculer devant aucun des moyens susceptibles de rendre la vie paysanne plus confortable et même, disons le mot, plus agréable. Que la condition des domestiques, des journaliers, des métayers soit plus en harmonie avec les besoins de la vie moderne, et le clinquant des villes aura moins d'attraits. »

Bien des pages ont été écrites contre le taudis de la ville, il existe encore quelquefois à la campagne. Les étables et écuries défectueuses ont été généralement améliorées, reconstruites, satisfaisant ainsi aux exigences de l'hygiène ; mais la maison qui doit abriter l'homme, la famille, est laissée, trop souvent, dans un état de délabrement, d'insuffisance et d'insalubrité pénibles à constater. Et ceci me fait souvenir de la visite que je faisais, il y a quelques années, à un paysan métayer au château de Saint-P...

Ferme de moyenne importance ; étables, écuries modernes, vastes, spacieuses ; larges baies laissant entrer l'air et la lumière, plafond élevé ; fraîchement blanchies à la chaux. Voilà pour le bétail.

Du côté opposé de la cour, un petit bâtiment aux murs noircis par les siècles, entrée surbaissée, plafond bas, petite fenêtre éclairant mal, d'un jour douteux, une salle humide aux relents aigres, une antique cheminée, donnant plus de fumée que de chaleur. C'est triste, c'est noir et rien n'engage à s'y reposer.

— Et, dis-je à l'homme habitant cet antre, quelle est cette construction neuve à l'aspect élégant et coquet à quelques pas d'ici ? Ses dimensions seraient suffisantes pour vous constituer un logement beaucoup plus agréable que celui-ci.

— Ah ! me répondit-il, ce bâtiment c'est le chenil que le patron fit construire l'an passé !... Monsieur loge bien sa meute.

Le fermier mal logé loge plus mal encore son personnel, et de telles conditions d'existence écartent à jamais de la terre bien des jeunes gens et surtout des jeunes filles. Oui, faisons la ferme agréable, comme dit Ricard, poétique même, afin que la famille paysanne puisse croître et prospérer dans la paix et la joie.

Le paysan, petit propriétaire exploitant, ne soigne pas mieux son habitation ; mais s'il ne lui apporte pas plus de confort et de soins, ce n'est souvent pas par manque de goût ou de savoir, mais parce que les ressources du domaine sont trop restreintes pour entreprendre telles ou telles améliorations coûteuses, auxquelles ne correspondra pas une augmentation de revenus.

Le légendaire bas de laine a disparu depuis long-temps de l'armoire du paysan, absorbé par les par-tages, successions et rachat du foyer paternel. Une génération est à peine liquidée des droits à payer à ses cohéritiers qu'aussitôt c'est le tour des enfants qui grandissent de recommencer la même opération. Et les terres se divisent, se subdivisent à l'infini, c'est l'émiettement de la propriété pay-sanne. Le meilleur temps de l'activité de l'occu-pant est absorbé à travailler à l'extinction de la dette, trop heureux s'il a pu éviter l'hypothèque. Dans ces conditions, les améliorations intérieures sont secondaires et ne viennent que lorsque le paysan a liquidé sa situation, ce qui arrive quel-quefois bien tard dans sa vie et parfois jamais.

Que l'agriculture soit prospère, qu'elle ne soit pas traitée en Cendrillon auprès de ses grandes sœurs du commerce et de l'industrie, que les mê-mes bénéfices lui soient possibles, et vous la verrez bien se transformer sans effort.

Association des Familles nombreuses.

Le syndicat agricole de Verlise, fidèle gardien de toutes les saines traditions, devant le mal grandissant de la dépopulation qui se faisait sentir jusque dans nos campagnes, voulait, au moins dans son rayon d'influence, remettre en honneur les familles terriennes normales et, dans ce but, voulut les unir, les grouper dans l'Association des Familles nombreuses.

A quelque temps de là, un concours organisé par l'Union départementale des syndicats agricoles vint permettre d'accorder des distinctions aux plus méritantes. Le syndicat de Verlise eut plusieurs lauréats, représentants de familles de huit, dix enfants et plus, de ces familles fidèles à tous les devoirs. Ce sont elles qui ont vaincu l'Allemand et qui, si elles se fussent trouvées plus nombreuses sur notre sol de France, nous auraient évité les horreurs de l'invasion, et, sans doute, empêché l'agression. ———

De ce concours, je me rappelle quelques passages du rapport, que je veux citer ici :

... « La famille, disait son auteur, le foyer des an-
cêtres, quels souvenirs n'éveillent pas ces mots au
cœur de ceux que la vie a emportés au loin sur les
routes du monde ? La famille est dans le plan naturel et divin ; c'est la première assise de la cité,
elle est plus éternelle que celle-ci ; la cité peut périr, la famille demeure, et quand son principe est
attaqué, quand elle périclite, tout l'édifice social
est ébranlé et menace ruine.

« La famille, c'est l'arche sainte, le pur foyer à la
flamme duquel s'allument tous les dévouements,
c'est le creuset où le cœur du jeune homme, de la
jeune fille se forme et s'affine ; ils dépouilleront
dans la famille nombreuse plus facilement qu'ailleurs l'égoïsme inhérent à notre nature ; leur pensée s'ouvrira plus largement à tout ce qui sera
grand, noble et beau... »

La législation a, sans doute, sa très grande part
de responsabilité dans la dissolution de la famille
moderne, on ne peut le nier, car, jusqu'à ces dernières années, elle n'avait rien fait pour alléger ses
charges. Cependant, il semble aujourd'hui que le
législateur, justement ému de cette diminution

constante de la famille, et surtout de la famille agricole qui est bien là pierre angulaire de la Patrie, essaye quelques lois pour remédier à son instabilité.

Nos syndicats, leurs unions régionales, sans attendre l'intervention des pouvoirs publics, doivent prendre toutes mesures propres à aider, encourager la famille paysanne ; adhérer à toutes les œuvres tendant au même but, les subventionner. La tâche est grande, pressante et ce ne sera pas trop de l'effort de toutes les bonnes volontés pour endiguer le torrent destructeur de la vie. Il faut le redire après tant d'autres : l'avortement et la restriction volontaire privent, chaque année, la France de 500.000 à un million de Français. Quelle année de guerre nous en a tant coûté ?

Et je relève, en terminant, cette phrase de G. Rossignol dans son journal *Pour la Vie*.

« Le patriotisme des femmes c'est la maternité,
« et leur champ de bataille est le foyer conjugal.
« Les races et les patries ne durent que s'il n'y a,
« sur ce champ de bataille là, ni désertion ni tra-
« hison. »

La Fête du Village.

Dans le village rural, la vie paysanne tout entière doit graviter autour du syndicat, il est le centre, le moteur de toutes manifestations collectives, qu'il doit coordonner et diriger. Qu'il s'occupe d'améliorations matérielles ou de questions théoriques et morales, il est toujours dans son rôle.

Après avoir groupé les paysans en un faisceau compact et fort, après leur avoir enseigné et la fertilisation du sol et les jouissances de la mutualité, favorisé l'éducation des jeunes, honoré la famille en attendant les tâches nouvelles que la guerre allait faire surgir, le président Delorgue rêvait encore de réorganiser les fêtes populaires et me disait un soir :

« Si j'étais plus jeune, je voudrais rétablir la
« fête du village comme nous la comprenions au-
« trefois. Te souvient-il ? Elles avaient vraiment
« grand air les fêtes de notre village ; c'était la
« fête rurale au grand jour, sous le clair soleil de
« juillet. Sérieusement organisée, elle groupait l'en-

« semble de la jeunesse. Les jeunes paysans mon-
« taient à cheval pour se disputer les prix de la
« course et faire valoir leurs talents de bons cava-
« liers. Avec quelle fierté et quelle ivresse ils ai-
« maient à faire piaffer et caracoler leurs poulains, au
« grand effroi de la foule qui les admirait. Peut-être
« sentaient-ils aussi sur eux les yeux inquiets d'une
« jeune fille, leur douce promise, et tout ceci les
« exaltait, excitait leur hardiesse et faisait redresser
« leur taille souple qui s'harmonisait si bien avec
« la souplesse gracieuse de leur coursier. Puis, les
« applaudissements, les vivats des spectateurs sa-
« luant les vainqueurs, dominés par les cuivres de
« la fanfare annonçant la fin de cet exercice, tout
« ceci était entraînant et joyeux. Ce sport était
« autrement beau que ces affreuses courses de bi-
« cyclettes où des êtres demi-nus, sales et crottés
« jusqu'à la tête, arrivent essoufflés, haletants, la
« tête vide et les jarrets rompus, après avoir dé-
« voré des kilomètres en l'absence de tout specta-
« teur. »

Puis enfin, c'était le bal. Si, d'une façon générale, la danse est un art et un plaisir dangereux, je

crois cependant que si parfois l'art était absent, le danger l'était également. On dansait parce qu'on aimait le mouvement et la vie, on dansait sans se dissimuler dans l'ombre, et les parents étaient là tout près donnant le signal du départ avant qu'il soit très tard. Nos jeunes gens, nos jeunes filles n'avaient pas dans leurs yeux des lueurs inquiétantes, leur âme était tranquille et c'était sans arrière-pensée qu'ils se laissaient aller au rythme entraînant de la musique, foulant d'un pied léger le sable de la place où le bal était dressé.

Malheureusement, elle a bien dégénéré et la fête patronale, jadis empreinte de tant de bonhomie, de saine gaieté, d'honnêteté, est devenue la vogue grimaçante et débraillée, aux allures équivoques, s'achevant le plus souvent dans l'arrière-boutique de quelques guinguettes où se donnent rendez-vous les individus les moins recommandables des environs.

Il me paraît peu facile de faire revivre nos fêtes d'autrefois. Cependant, il est nécessaire à l'homme de labeur de pouvoir, à certains jours, secouer la poussière du travail, oublier la peine, ouvrir son cœur à la gaieté. Nous organiserons pour lui des fêtes qui délassent et élèvent à la fois. Nous y mettrons de l'art, du goût, faisant intervenir tour à tour le théâtre, la musique et le chant, car si le paysan, le villageois ne connaissent pas les formules qui définissent l'art, ils portent la poésie et l'art dans leur cœur, ils les sentent et les comprennent, et c'est bien mieux.

Quelque temps après, un appareil cinématographique arrivait à Verlise ; la population conviée à la salle des fêtes de la commune inaugurait la première soirée récréative et instructive qui, chaque mois d'hiver, devait avoir lieu une fois. L'instituteur se faisait le conférencier bénévole, expliquant les vues déroulées par le film ; nos meilleurs chanteurs se faisaient entendre et si le hasard amenait au village un artiste amateur, on mettait à contribution son savoir, en lui faisant donner les meilleurs morceaux de son répertoire. Variant les séances, on allait quelquefois du comique au sérieux et du rire aux larmes.

Couronnement.

L'organisation syndicale du village en était là lorsque l'Union régionale du Sud-Est, voulant perpétuer la mémoire de son fondateur, créa le prix Emile Duport, lequel consiste dans l'attribution d'une somme de 500 francs décernée chaque année, lors de l'Assemblée générale de l'Union, au syndicat affilié qui s'est distingué par le développement de ses œuvres sociales.

Celui de Verlise semblait avoir parcouru le cycle des organisations rurales. Et le président terminait ainsi son rapport à l'Union régionale dans sa demande d'admission au concours :

« Je ne saurais dire quelle est la somme de bien que le syndicat a procurée à ses membres, tant au point de vue matériel qu'au point de vue social ; mais ce que je sais, c'est qu'il a brisé bien des égoïsmes, détruit bien des mesquines rivalités, mettant un peu d'amour dans les rapports de toute une corporation ; qu'il a toujours tâché d'élever le paysan au-dessus du sillon, lui montrant des horizons plus vastes que l'étendue de sa terre.

« Je sais aussi que la tâche qui reste à faire est immense, qu'elle demande les efforts continus de plusieurs générations. Je ne me le dissimule pas, ce que nous avons fait n'est encore qu'une ébauche, que viendront parfaire nos petits-enfants. Afin de leur rendre le travail plus aisé, nous emploierons le meilleur des jours qui nous restent à vivre à consolider les bases de l'édifice social rêvé, à lui donner de fortes assises, afin qu'il n'ait plus qu'à en jouir en achevant l'embellissement intérieur. Dieu veuille couronner de succès nos travaux, afin que notre passage ne soit pas vain et sans fruit ! »

Le prix Duport fut accordé au syndicat de Verlise.

Une délégation part du village vers la grande ville où se tiennent les assises agricoles de la région. Elle arrive enthousiaste et joyeuse, elle presse le pas vers le palais municipal mis à la disposition des agriculteurs. Les belles lignes architecturales du monument ne retiennent guère l'attention de ses membres. Mais, en paysans économes et pratiques, ils s'arrêtent cependant un instant, étonnés, devant les vastes vestibules, plus grands que leurs granges à fourrage ; les escaliers, assez larges pour y passer leurs bœufs liés. Et le porte-parole du groupe, résumant l'impression de chacun, souriant malignement, laissa tomber ces simples mots :

« Que de terrain perdu !... »

Puis, reprenant la gravité qui sied aux membres d'une députation, ils pénétrent dans la salle déjà pleine où se tenait l'assemblée annuelle des syndicats unis. Un peu intimidés à l'aspect imposant de la réunion composée des grands propriétaires terriens, de savants agronomes, de quelques prêtres organisateurs, amis du progrès, mais aussi de beaucoup de vrais paysans comme eux, à la figure tannée par tous les autans, aux mains durcies aux mancherons de la charrue, et tout cela dans le décor d'une vaste salle, aussi grande, mais plus richement décorée que l'église du village, ils s'installent modestement dans les derniers rangs.

Ce n'est pas sans une douce émotion que bientôt ils entendent la lecture du rapport consacrant dix années de luttes et de travaux. Et lorsque le président de l'Union, M. de F... les pria de se lever pour leur dire à son tour sa satisfaction personnelle du succès de leurs œuvres et que l'assemblée, approuvant, les couvrit de ses applaudissements chaleureux, ils crurent un instant rêver, leurs voix tremblaient un peu en répondant aux questions posées ; mais leurs grosses mains serraient très fort bien de fines mains tendues : le paysan ne fait pas de phrases et son âme s'exprime toute dans l'énergie plus ou moins grande de ce geste de confiance et d'abandon.

Puis, de retour au village, ils redirent à leurs collègues, à leurs amis, que l'on savait à la ville tout ce qu'ici l'entente et l'union avaient produit, que le nom du village fut célébré, acclamé par mille voix. Et l'on se sentait plus fiers, fiers du travail accompli et fiers du titre de paysan.

Il est bon de rendre le travailleur conscient de sa dignité professionnelle, de l'arracher à l'emprise trop complète du travail individuel, pour l'amener à coopérer volontairement au bien général.

Dans le bulletin syndical du mois suivant, Delorgue écrivait : ... « Notre œuvre a été soumise à l'examen des plus hautes personnalités de la région et elle a été trouvée bonne. Jamais, dans nos rêves les plus beaux, nous n'aurions osé espérer une telle distinction. Jamais, dans les difficultés des débuts, comme au soir des journées d'enthousiasme, nous n'aurions osé nourrir le fol espoir d'entendre le nom de la petite patrie Verlisienne acclamé sous les lambris dorés d'un des plus beaux palais de la ville de Lyon, répété le lendemain par les mille voix de la presse.

« La louange, chose vaine il est vrai, est parfois nécessaire ; l'homme ne persévérerait pas jusqu'à la fin si, quelquefois, une voix amie ne venait lui dire : « Ce que tu fais, c'est bien, continue ! » Et aujourd'hui, elle me fait encore heureux pour la confiance plus grande qu'elle vous donnera dans la bonté de l'œuvre entreprise en commun.

« Après tant de marques de cordiale sympathie reçues, après tant de beauté entrevue, je reste, malgré tout, anxieux et craintif. Un nouveau devoir s'impose à notre attention : celui de ne pas déchoir ; ce prix est non seulement la récompense des efforts accomplis, mais aussi un stimulant à faire mieux encore. S'il est pour vous un motif de vous aimer davantage, s'il augmente l'intensité de votre collaboration, nous continuerons notre marche ascendante vers le beau, vers le bon, vers le bien.

« Le prix Em. Duport ne doit pas marquer une période de relâchement dans notre vie sociale. Non, loin de là, il doit agir, au contraire, comme un levier puissant pour diffuser davantage notre action parmi les travailleurs de la terre. Haut les volontés et les cœurs, vers l'avenir, marchons avec une confiance nouvelle, appuyés fraternellement les uns sur les autres, marchons à d'autres conquêtes dont le prix ne se trouvera peut-être pas ici-bas ; quand même ! en avant ! toujours et sans arrêt, car la vie de l'homme est courte et souvent, hélas ! la nuit survient avant qu'il ait terminé sa tâche. »

A la veille de la Guerre.

Mes amis du syndicat de Verlise arrivaient ainsi à la veille du cataclysme qui devait bouleverser l'Europe et avoir sa répercussion dans le monde entier. Nos agriculteurs, épars sur un vaste rayon, jadis indifférents les uns aux autres, jaloux des succès des plus actifs ou des plus intelligents, au contact d'une collaboration constante, avaient dépouillé cette mentalité étroite et néfaste à leurs intérêts ; non seulement l'union des personnes s'était faite, mais encore l'union morale, l'union sentimentale. « On s'aimait davantage et l'on comprenait mieux la solidarité étroite qui doit unir tous les membres de la corporation, et que la défense de l'intérêt d'un seul était aussi la défense de l'intérêt collectif.

Sous l'influence de l'enseignement du syndicat, par son aide financière, par son initiative à vulgariser les méthodes, les instruments nouveaux de culture et de récolte, l'emploi des stimulants énergiques pour redonner la fécondité à nos sols épuisés, l'agriculture progressait. Les réclamations énergiques et répétées du syndicat, transmises aux pouvoirs publics par l'Union régionale, attiraient enfin leur attention sur les conditions de vie de la corporation la plus nombreuse et la plus indispensable : les producteurs de pain. Dans une organisation sociale où la loi du nombre commande, si nous ne sommes pas écoutés, c'est que nous ne savons pas nous faire entendre. A la suite de Duport nous répétions : « Il n'y a pas en France que des mineurs » ! Et, peu à peu, une législation plus favorable aux habitants des campagees s'élaborait.

Les assurances mutuelles, le crédit, les retraites, se développaient régulièrement, apportant à leurs adhérents la sécurité dans le présent, la facilité d'extension de leurs productions et la tranquillité pour les vieux jours. Par la coopération, maître de son marché d'achat et de vente, le paysan de Verlise était vraiment libre et indépendant.

A l'école, les premières notions d'agriculture étaient enseignées, complétées par des visites aux fermes les mieux tenues ; études poursuivies l'hiver dans la famille par les cours par correspondance. Chaque dimanche une pléiade de jeunes hommes, délaissant les salles enfumées des cabarets, se réunissait à la maison syndicale. Réunions sans apparat et sans apprêt où, après avoir échangé quelques mots sur les travaux de la saison, l'état des récoltes, on s'occupait des questions syndicales ; des journaux, des revues traitant de questions sociales, théoriques et pratiques étaient mises à leur disposition et chacun s'efforçait de s'assimiler l'enseignement des maîtres, de se familiariser avec les lois, les décrets réglementant l'organisation corporative. Parmi eux se recrutaient les éléments actifs de chaque groupement : secrétaires, administrateurs, directeurs. Ils n'étaient pas bien savants, mais ils apportaient tant de bonne volonté, de droiture, que c'était grand plaisir à les voir.

Ainsi se constituait l'élite agricole du village, indispensable pour guider, conduire les paysans. Par elle l'avenir syndical est assuré et son fondateur voit sa pensée prolongée pour de longues années.

Pendant la guerre.

Le Départ.

Mais la foudre gronda. Le tocsin du 2 août 1914 faisait tomber la faucille des mains de nos moissonneurs ; jeunes gens, jeunes hommes laissant, dans les champs, la gerbe inachevée, rentrent un instant à la maison. Les vieux parents, la jeune famille se pressent près de celui qui va partir. C'est la guerre, la Patrie en danger, il faut arrêter les hordes du sauvage Germain ; il faut partir pour lutter, souffrir et peut-être mourir.

Ah ! qui dira les déchirements intimes des cœurs dans cette minute suprême, les angoisses comprimées pour ne pas affliger celui qui s'en va aux combats. Nos jeunes paysans ! tout leur bonheur, tous les désirs de leur vie étaient de rester là, à leurs travaux obscurs, près des parents aimés, près de la jeune femme qu'ils s'étaient choisie, sans ambition, heureux dans la contemplation d'un horizon familier. Que leur importaient les calculs des grands ou l'éclat de l'étoile qui luit sur d'autres terres que la leur ?

Pourtant il faut partir, la Patrie en alarmes
Appelle ses enfants contre l'envahisseur
Il faut quitter ces champs, leur douceur et leur charme
Pour barrer le chemin aux pas de l'agresseur.

Embrassant d'un long regard ces champs si paisibles où s'écoula leur enfance et que beaucoup ne devaient pas revoir ; dans une dernière étreinte redisant leur amour à la mère en pleurs, au père qui ploie sous de sombres pensers, à la jeune épouse qui redit des mots de tendresse et d'espoir, aux petits enfants qui pleurent sans savoir, ils partirent nos jeunes paysans, dans la beauté de ce matin d'été.

Ils étaient tous là, de tous les hameaux, de Villechaize et des Places, ceux de Gentillère et de Coulevras et de toutes maisons, petites ou grandes, riches ou pauvres, au rendez-vous à la gare de Saint-J..., s'entassant dans les wagons, un mince bagage à la main et saluant encore, au détour de la voie, jusqu'au dernier regard. L'ardente vapeur les emporte vers les champs de bataille, de carnage et d'horreur ; mais aussi de grandeur, de patriotisme et de gloire !

Et chez nous, le travail interrompu attendait, et c'était la moisson, le pain nécessaire aux guerriers, nos enfants. D'un trait brusque, refoulant une larme, le vieux paysan dont cinquante ans de labeur sont inscrits en rides profondes sur le front hâlé, rassemble près de lui les enfants et les femmes et, du geste, montrant les épis d'or encore debout, remonte vers le champ, armé de sa faucille.

Ceux qui restent.

Le syndicat allait-il tomber en sommeil pendant l'orage, abandonner son fécond travail ou s'essayer à reprendre sa marche, malgré l'absence des meilleurs, des plus actifs de ses membres ?

Quelques jours après la mobilisation, ceux qui restaient des divers bureaux furent convoqués. Ils étaient peu nombreux, quelques hommes seulement au-dessus de cinquante ans, plus chargés que jamais de soucis, de travail ; restés seuls, les fils au front de nos armées les rendaient plus graves encore ; mais, malgré tout, un seul mot résuma leur résolution : continuer. Oui, il fallait d'abord continuer le travail déjà en cours, assurer le minimum de vie aux organisations syndicales. On est peu nombreux, il est vrai, mais on fera appel à toutes les bonnes volontés, des femmes même vont apporter un concours précieux ; et puis, dans le champ commun, comme dans celui de la famille, on travaillera un peu plus, afin que ceux qui reviendront ne le trouvent pas en friche, mais ayant donné des fruits abondants.

Des problèmes nouveaux vont se présenter, inéluctables. Nos campagnes ont trop l'habitude de compter sur le syndicat dans toutes leurs difficultés pour qu'il se dérobe dans ces temps difficiles. Tous les robustes et les forts sont là-bas vers nos frontières et le vide est immense. Comment achever de rentrer les récoltes, battre, peut-être semer,

car il faudra bien semer pour qu'il y ait du pain toujours pour la femme et l'enfant, aussi pour le soldat?

Chacun se mit courageusement au travail. Il y
avait cependant des situations délicates, poignantes
mêmes ; des femmes qu'un amour prévenant avait
tenu jusqu'alors éloignées des trop durs travaux,
se trouvaient brusquement obligées de parer seules
à toutes les difficultés de l'exploitation. On les vit,
toutes frêles et le cœur bien serré, se lever avant
l'aube pour aller conduire elles-mêmes les grands
bœufs au labour, ou dresser les gerbes sur les chars,
aidées d'un vieillard ou d'un enfant, laissant à la
maison les plus petits à la garde des aînés, ou portant endormi le dernier-né reposer sur la javelle, à
l'ombre du pommier.

Mais l'esprit de mutualité n'avait pas été jeté en
vain par le syndicat. Son service de secours mu-
tuel en nature devait donner tout son concours. A
son appel, les vétérans du travail se levèrent :

« O femmes, dirent-ils, vous ne serez pas seules,
« votre labeur est aussi le nôtre, votre champ ne
« sera pas sans culture, nous mettrons nos forces
« en commun, nous vous aiderons à récolter, nous
« vous aiderons à semer. »

Ainsi fut-il fait et, pendant ces quatre années de tristesses et de deuils, jamais l'aide mutuelle ne fut mise en défaut.

Ceux qui vont mourir.

Le canon a parlé et la ruée sauvage,
Vers l'Est et vers le Nord, furieuse a commencé.
Le flot des bataillons de jeunes et de tout âge
S'en va, monte en grondant de son pas cadencé.

Pendant quatre ans, sur l'immense front de bataille, nos fils ne connaîtront d'autre fête que celle de la mort au vol mystérieux ; pendant quatre ans, ils vont lutter, souffrir et mourir. D'autres reviendront, réclamés par des services spéciaux où leur instruction, leurs aptitudes, leur permettront de rentrer ; mais les fils de la terre resteront tous là-bas, aux premières lignes où l'on souffre le plus, où l'on meurt davantage.

Pendant quatre ans nos assemblées générales ne seront plus que des réunions mortuaires. Au lieu des chants joyeux de nos banquets d'antan, on n'entend plus que le sombre *Dies iræ*. Le drapeau.

toujours cravaté de deuil ne sert plus que pour orner le catafalque des services funéraires.

Cinquante paysans du village sont tombés face à l'ennemi ou morts de leurs blessures. Ils sont tombés un peu partout sur l'immense front de combat, dans les plaines des Flandres ou sous les sapins des Vosges, comme aux Dardanelles de funeste mémoire, ou les marécages du Vardar. Ils ne reposeront pas au cimetière du village, leurs cendres ne se mêleront pas aux cendres des aïeux, leur perte sera ainsi un peu plus complète, un peu plus douloureuse. L'humble croix de bois, qui marque aujourd'hui le lieu de leur repos, bientôt disparaîtra et la charrue indifférente nivellera à jamais leur léger tumulus.

Le syndicat, c'est la famille agrandie, chaque deuil particulier est cruellement ressenti par tous. Aussi, chaque fois que parvient l'avis de décès d'un enfant du village, comme la famille est entourée ! combien de marques d'affection lui sont données ! On n'échange pas de lettres de faire-part ; mais les mains se tendent vers ceux que le malheur vient de frapper : une étreinte, et c'est tout ; les mots expirent dans la gorge trop serrée ; le regard est voilé de ces larmes de travailleurs qui brisent les rudes poitrines, pour se frayer le jour vers la paupière.

Toutes les familles sont représentées à l'office funèbre. Quelle que soit la saison, malgré les travaux qui nous écrasent, on ne compte pas le temps qu'il faut, il importe avant tout d'honorer celui qui vient de tomber pour la France, et d'affirmer sa sympathie à ceux qui le pleurent.

Oh ! hameaux de mon village, c'est en vain que je cherche une maison exempte de deuil. La grande mangeuse d'hommes a pris vos fils ; poussés dans le tourbillon de l'horrible tempête, la mort les a cueillis dans la beauté de leur printemps, brisant leurs jeunes ans dans la lutte héroïque qui doit sauver la France, sauver le pays, affranchir notre terre sacrée de toute emprise étrangère. Saurons-nous jamais le nombre des paysans tombés à la défense de la Patrie ? Ah ! je ne le crois pas, mais lorsque je compte les vides affreux de nos chaumières, je me demande ce qui restera demain de la France paysanne.

Les colonnes du livre nécrologique syndical se sont bien allongées en ces sombres années ; mais ces victimes de la guerre seront inscrites sur un tableau spécial ; leurs noms seront gravés sur l'airain ou le marbre, à la place d'honneur de la salle de réunions, afin qu'ils soient transmis d'âge en âge à l'admiration, à la vénération de ceux qui viendront dans la suite des ans.

Au Village.

Ces départs, ces nouvelles de mort qui frappent chaque jour quelque famille paysanne, établissent à demeure la douleur à nos foyers. Il est des cas tout particulièrement poignants, douloureux et tristes.

Voyez cette ferme agrippée au flanc de la colline, dominée au-dessus par un large bosquet de sapins. Une veuve la dirige, le père est mort victime d'un accident de travail. Elle a deux fils, la guerre les appelle tous deux. La mère continue, aidée d'une main-d'œuvre malhabile et exigeante. Dès les premiers mois de combats, le plus jeune des fils tombe frappé d'une balle allemande ; malgré sa douleur le travail se poursuit. L'aîné meurt à son tour ; un instant elle fléchit sous la morsure de ce nouveau malheur ; mais se redressant encore, douce toujours, forte quand même, elle sème pour le blé de la paix.

Et cette jeune femme restée seule avec trois petits enfants dont l'aîné compte à peine quatre ans, son mari est tué en 1914, elle ne songe pas un instant à laisser sa ferme. Comment fait-elle pour la tenir en bon état de culture ? C'est le secret qui courbe sa taille avant l'âge, durcit atrocement ses mains, qui auraient pu être belles, et trace des rides précoces sur son front délicat.

Jean B..., le fermier des Gouttes, perd trois fils à la guerre, le quatrième part ; ses filles vont les remplacer, faisant tous travaux de culture, et la production du domaine se maintient intégrale. Ailleurs, c'est le père D... terrassé par la perte de deux fils, sur quatre aux armées, et qui se laisse mourir, laissant tout le poids du travail à deux jeunes filles. Semailles et moissons seront faites encore en temps utile.

Je m'arrête, ils sont trop ! On pourrait ainsi, à l'infini, multiplier les exemples de sacrifices exceptionnels supportés par nos campagnes, et d'héroïsme, de courage, déployés aussi à l'arrière par les plus petits, les plus faibles de la famille paysanne,

Aux femmes de mobilisés, le syndicat vient en aide par tous ses services de mutualité et d'assurance, leur en facilitant l'accès par tous les moyens possibles. Les assurances sont plus nécessaires encore qu'en d'autre temps par l'absence du maître et l'emploi d'une main-d'œuvre d'occasion, parfois peu recommandable.

Sur le conseil du syndicat, et par mesure de prudence, la mutuelle incendie majore ses polices d'un pourcentage raisonnable, proportionnel à l'augmentation de valeur des mobiliers et des matériaux de construction.

L'assurance accident se modifie également en portant à toutes ses polices la garantie des frais médicaux et pharmaceutiques. Et cela devient indispensable devant les notes exagérées du médecin et du pharmacien qui nous paraissent, autant les unes que les autres, de vrais comptes d'apothicaires. L'accident le plus insignifiant devient ainsi extrêmement onéreux et peut, du fait de la guerre, tourner au désastre complet pour la fermière. Il convient donc d'être sérieusement et complète-

ment garanti contre tous les aléas de l'accident
toujours possible.

Elles trouvent encore, nos paysannes, près du
syndicat, les conseils nécessaires pour leurs travaux et un guide pour traverser le maquis des décrets réglementant les demandes d'allocations, les
réquisitions et les taxes. Combien de fois le président du syndicat ne dut-il pas intervenir pour faire
accorder leurs droits à des femmes, à des veuves
qui n'avaient d'autres torts que de ne pas plaire à
un administrateur officiel quelconque. Pour certains ronds-de-cuir, la guerre était toujours à l'intérieur et non à la frontière où les hommes se faisaient tuer pour garantir leur tranquillité.

L'action syndicale, que l'on pensait d'abord réduire, allait, au contraire, s'amplifiant et pénétrait
de plus en plus la vie intime du village. Par son
bulletin, le syndicat encourageait, relevait les cou-
rages désemparés sous les coups du malheur ; il
redisait la confiance et l'espoir dans nos armées
dans l'avenir de la France. Des tracts étaient dis-
tribués par ses soins, dénonçant la perfidie des en-
nemis de l'intérieur comme celle de l'étranger. A
son appel, l'or quittait le bas de laine pour aller

grossir les réserves de l'Etat et les économies se plaçaient aux emprunts nationaux. Sa pensée s'étendait encore aux petits orphelins.

Le président Delorgue se mit en rapports avec l'œuvre du Secours National et obtint, à chacun des orphelins du syndicat, un secours trimestriel majoré par la caisse syndicale. A son premier appel, les jeunes veuves, surprises que le syndicat s'intéressât à elles, venaient un peu craintives ; elles ne savaient si elles devaient accepter, elles redoutaient que ces dons ressemblassent à une aumône.

— Non, disait Delorgue, c'est une marque de sympathie, d'amitié, un faible acompte sur la grande dette contractée par le pays envers vous ! »

Elles acceptent et, sous leurs voiles noirs, esquissent encore un sourire, merci précieux de ces cœurs endeuillés.

C'est encore au siège du syndicat qu'elles trouveront tous renseignements pour faire admettre leurs enfants comme pupilles de la nation. Elles y viennent avec une confiance toujours grandie, elles comprennent qu'elles ne sont plus seules et s'abandonnent à sa direction généreuse et éclairée.

De glorieux mutilés revenaient parfois au village. Entourés, fêtés, on s'empressait auprès d'eux pour les voir, s'en approcher avec respect, comme on approcherait d'un voyageur de retour d'un monde extérieur, auréolé de sainteté, de souffrances et de gloire. On ne se lassait pas d'entendre les récits des combats fabuleux auxquels ils prirent une part active ; on voulait connaître tous les détails de l'action où ils furent blessés ; le pourquoi des décorations qui ornaient leurs poitrines. Et eux, un peu intimidés, disaient simplement :

— On avait l'ordre d'attaquer ; il y avait des réseaux de barbelés à traverser, des gaz qui nous suffoquaient et, devant nous, des mitrailleuses. Malgré tout, à l'heure dite, nous partions sous l'ouragan des feux de barrage. Beaucoup de camarades tombaient ; on avançait quand même en répétant le mot d'ordre : « On les aura ! » J'ai tenu ma place tant que j'ai pu, jusqu'au moment où un éclat d'obus m'a terrassé. »

Ils reviennent aussi à leur syndicat, ces enfants de la terre, conter leurs peines.

— Comment désormais labourer, semer, une jambe ou un bras en moins ? Comment, dans nos petites exploitations, suffire aux mille travaux qui nous attendent. Elles sont trop peu importantes pour nous payer un maître valet, son gage absorberait la plus grande partie des ressources qu'elles peuvent nous procurer. Et pour élever la jeune famille, deux, trois, quatre petits enfants?... Que faut-il faire, devons-nous continuer ou n'est-il pas prudent de chercher une autre situation mieux en rapport avec notre infirmité? »

Ah ! que de questions angoissantes sont ainsi posées.

— Oui, amis, restez à la campagne, leur répondait le président. Au syndicat, nous avons pensé à vous. Allez de notre part à l'école des mutilés des syndicats unis. Des hommes au cœur bon et généreux vous y attendent. Votre infirmité sera réduite par l'emploi d'appareils spéciaux qui faciliteront votre travail. Vous vous familiariserez avec des instruments perfectionnés qui vous permettront d'accomplir vos travaux sans trop d'inconvénients et de fatigue? Par ses services de prévoyance et de crédit, par celui de prêts d'instruments agricoles, par la coopération d'achat et de vente, le syndicat vous aidera, soutiendra votre marche. Mais pour

Dieu ! ne quittez pas la terre, elle a bien trop souffert. Regardez vos enfants, leurs bras faibles encore s'affermissent chaque jour; quelques années seulement, ils vous remplaceront. Alors, vos jours s'écouleront heureux dans le calme décor de nos montagnes bleues, en attendant que vous puissiez conter vos exploits à vos arrière-petits-enfants, au soir de votre vie. »

Le bulletin syndical insérait les actes de la société, mentionnait les décès de guerre, les blessés, les citations, etc. Adressé gratuitement aux mobilisés, il allait leur parler du village, la petite patrie pour laquelle ils luttaient, pour laquelle ils souffraient, il allait leur dire que loin d'eux on travaillait toujours avec courage, que la voix des mauvais semeurs de défaillance, de découragement, ne trouvait nul écho parmi nous, que l'on restait digne des héros traçant là-bas leur rouge sillon.

Jamais mieux que pendant la guerre le syndicat ne fut dans son rôle de « défenseur des intérêts de ses membres ». Dans ces périodes troublées, il est trop d'individus qui profitent des circonstances faciles pour se tailler de beaux bénéfices au préjudice du plus grand nombre.

Il intervenait chaque fois que la justice ou le droit se trouvait lésés, réclamant ici pour une réduction des prétentions de la commission de réquisition, ailleurs pour une répartition plus équitable des charbons, ou pour telle ou telle personne ayant des droits aux allocations ; comme il combattait l'abus arbitraire des taxes qui ne frappaient que les produits agricoles ; pendant que sa coopérative, tout en assurant le ravitaillement du village, réglementait encore les cours en empêchant toute hausse non justifiée.

Travail de guerre.

Pendant que nous vivions cette vie intense de travaux et d'angoisses permanentes, nos ministres, nos préfets, nous gratifiaient d'un vrai déluge d'arrêtés, de décrets où le plus malin perdait son latin.

A Verlise, le syndicat tâchait d'atténuer, dans son rayon d'action, les mauvais effets des mesures administratives en conseillant le calme et, par ses multiples services, facilitant à tous l'accomplissement de la tâche quotidienne. D'autre part, à force d'instances, il établissait des rapports directs et suivis avec les bureaux de la préfecture et arrivait ainsi, sans intermédiaires, à solutionner au mieux les questions toujours délicates des réquisitions, taxations, ravitaillement et main-d'œuvre.

Ah ! comme il fallut longtemps pour organiser d'une façon pratique ce service de main-d'œuvre. Et je me demande comment en 1915-1916 on put arriver à lever les récoltes en temps voulu. Il semblait cependant que l'on s'en occupât sérieusement en hauts lieux. On créait même des services spéciaux. Le syndicat dut répondre plusieurs fois à des questionnaires demandant : le nombre d'ouvriers nécessaires à ses membres ; quel genre de main-d'œuvre était préférée : prisonniers, étrangers, coloniaux, etc. C'était vraiment trop d'amabilité. Le président ou le secrétaire consciencieusement répondait aux femmes de mobilisés qui, chaque dimanche, venaient au bureau syndical s'enquérir du résultat des démarches en cours, qu'il croyait enfin pouvoir donner des assurances fermes de prochaine arrivée d'équipes d'ouvriers agricoles. Mais, va te faire lanlaire, le temps de la moisson n'attend pas, les ouvriers arriveront sans

doute plus tard ; en attendant, il fallait se débrouil-
ler par des moyens de fortune, par l'aide mutuelle
et un travail encore plus assidu.

Ravitaillement.

De tous les problèmes douloureux nés de la
guerre, il en était un qui se faisait menaçant : celui de l'alimentation, celui du pain. Jusqu'alors la
coopérative syndicale bornait son action aux seules
fournitures agricoles d'engrais, semences, petit outillage. Prévoyant la disette probable, son conseil
d'administration élargit aussitôt son champ d'action et décida de faire toute l'alimentation humaine.
Dans ce but, elle s'affilia hardiment à la fédération
des coopératives ouvrières de la ville, tout en res-
tant fermement appuyée à la puissante coopérative
agricole des syndicats du Sud-Est. Par la fédération, elle participa aux répartitions de marchandises faites par le ministère aux coopératives de consommation, et par la coopérative agricole elle put
fournir encore ses adhérents de machines, d'engrais
et de petit matériel si nécessaire à la ferme.

Sûre, désormais, d'être abondamment pourvue, elle ouvrit son magasin à tous les travailleurs du village, paysans et ouvriers de l'industrie. Les ménagères connurent bientôt le chemin de la coopérative ; marchandises saines, prix modérés, elles étaient heureuses de pouvoir, grâce à cet organisme, approvisionner le ménage et continuer l'envoi des colis toujours tant attendus par les hommes aux armées ou les tristes prisonniers. La coopérative servait de modérateur, de régulateur des cours et Verlise jouissait de prix notablement inférieurs à ceux pratiqués dans les villages d'alentour. L'exemple de son organisation devint contagieux et, bientôt, d'autres coopératives se fondèrent, une à B... sur Loire, une autre à Saint-J..., une autre encore à P... Et les femmes de nos bourgs et de nos hameaux allaient reconnaissantes disant :

« Heureusement, nous avons la coopé ; sans
« elle où trouverions-nous et riz et chocolat et à
« quels prix ! grands dieux ! Non seulement elle a
« fait baisser les prix, mais voilà qu'en fin d'année
« elle nous rend encore de l'argent, 3 % l'an passé,
« 4 cette année, peut-être 5 l'année prochaine. Et

« fallait voir l'autre jour, après l'assemblée géné-
« rale, la grosse Françoise emporter pour 25 francs
« de marchandises sans avoir un sou à payer.

« C'est le montant de votre ristourne, lui avait
« dit le gérant. Une autre en a touché plus, d'autres
« moins, c'est selon la quantité de marchandises
« achetées dans l'année. Ah ! c'est bien là le cas
« de dire que plus l'on dépense plus l'on gagne. »

Mon ami Delorgue était content, il atteignait son
but : rendre service, diminuer les difficultés de la
vie à tous les travailleurs. Mais, dans cet ordre
d'idées, il voulut faire encore plus.

C'était dans le temps de détresse où le blé manquait, où les affreuses galettes fabriquées par nos
boulangers avec les fournitures du ravitaillement
n'avaient du pain que le nom, encore manquait-il
parfois totalement. Le président du syndicat, prenant en pitié les souffrances de la population in-
dustrielle, fit appel aux paysans, leur demandant
de partager leurs maigres réserves avec leurs frères moins heureux de l'agglomération.

« Paysans, leur écrivait-il, nous mangeons du
« pain à notre faim, ceux du bourg n'en ont pas.

« Vous ne les laisserez pas souffrir davantage. Ap-
« portez à la maison syndicale tout ce dont vous
« pouvez encore disposer en grains et farines, afin
« que la répartition en soit faite aux boulangers du
« village. »

Il fut entendu et, les jours suivants, farines et
blés s'entassaient au dépôt de la coopérative. Les
uns amenaient un sac, d'autres une mesure seulement, d'autres moins encore, quelques livres prélevées sur une réserve plus que modeste. Mais ce
fut suffisant et permit à tous, grands et petits, de
revoir du pain blanc jusqu'à la récolte prochaine.

Et Delorgue remerciait les paysans par la lettre
suivante :

« Mes chers amis, leur disait-il, je ne veux pas
« tarder davantage pour vous dire merci d'avoir
« répondu aussi spontanément à mon appel en
« prélevant, sur vos modestes réserves, même ce
« qui vous était nécessaire pour attendre les bat-
« tages, venant ainsi en aide de tout le pouvoir
« dont vous étiez capables à la population indus-
« trielle du bourg. Ah ! je me suis rendu compte
« combien avait été rendue précaire votre situation,

« là où sont passés les agents de réquisition et com-
« bien avaient été justes vos réclamations à ce
« sujet.

« La campagne c'est la source de la vie, mais il
faudrait éviter de la tarir. Si l'on épuise la coupe
entière, que va-t-il rester pour demain ? Le paysan
est économe et le blé dans son grenier est joliment
mieux en sûreté que dans les magasins de l'état.
Nous avons le respect inné de nos blés d'or et,
quoiqu'on en dise en certains milieux, jamais il ne
descend dans l'auge du porc.

« Menacés vous-mêmes de disette, votre geste en
fut plus beau. Je sais aussi vos plaintes contre le
citadin indifférent qui, dans les jours de grand labeur, vous laisse seuls à vos travaux austères.
Pourtant, il faut l'union du laboureur et de l'artisan ; si l'un produit la laine, pour la tisser l'autre
est nécessaire. Et nous nous souviendrons toujours,
quand la victoire nous rendra nos fils que, dans
les jours de malheurs, nous avons partagé le pain.
Notre main s'ouvrira plus grande à la main du
pâle canut dont la navette court active, serrant la
trame fil à fil, qui fait le drap bien chaud contre la
bise et les autans.

« Aussi, dès le retour de l'automne, dans les sillons, sur nos coteaux, avec une ardeur nouvelle nous sémerons le blé nouveau. Il faut donner du pain pour la France, pour nos soldats, pour nos artisans ; ah ! c'est le pain de la délivrance, nobles semeurs ! allons, debout !

« Dans les affreux sillons creusés par la mitraille, nos fils ont versé leur sang en luttant ; aux sillons des aïeux, pour la même cause, de l'aube à la nuit mêlons nos sueurs et si, parfois, du cœur s'élève une larme, le blé la reçoit et se fait plus beau. »

Par le ravitaillement général de la population de Verlise et surtout par le partage du pain, le syndicat, aidé de l'action coopérative, étendait son influence et la faisait enfin porter sur la partie de la population qui avait vécu jusqu'alors en dehors de son cercle d'influence et quelquefois en hostilité avec lui. Le vieil antagonisme, qui se constate un peu partout entre les paysans et les ouvriers de l'industrie, particulièrement violent pendant la guerre, se trouvait ainsi considérablement réduit à Verlise, peut-être même anéanti pour toujours.

Le moment était d'ailleurs propice pour tenter

un rapprochement : les cœurs endoloris par toutes les misères et souffrances de la guerre écoutent mieux les paroles berceuses et s'amollissent plus facilement sous les marques de bonté.

La haine est stérile, la charité créatrice. Plus de sympathie, de confiance réciproque entre paysans et ouvriers industriels nous ouvrent des horizons infinis de collaboration et d'entr'aide mutuelle. Nous pouvons devenir, pour bien des choses, les fournisseurs directs des coopératives ouvrières de consommation : bétail de boucherie, vins, céréales, pommes de terre, fruits divers ; sous-produits de la ferme : beurre, lait, œufs, fromage, etc. Et, par leur intermédiaire ou chez elles, nous pourrions nous procurer les objets manufacturés d'alimentation qui nous manquent. Nous supprimerions ainsi une foule d'intermédiaires parasitaires, diminuant d'autant le coût de la vie et pour le plus grand bien de la paix sociale.

A nos Paysannes.

Aidés de nos institutions syndicales, malgré les tracas suscités par une administration incohérente

qui jetait le désarroi parmi nous à coups de décrets
et réglementations intempestives, nos paysans,
nos paysannes tenaient bon quand même. Si quelques défaillances se produisirent ici ou là, elles
furent des exceptions et l'ensemble de nos terriens
continua à faire produire autant que faire se pouvait. Il y eut même et bien souvent l'héroïsme de
la terre. Et Ricard, dans la *Démocratie Nouvelle*,
a pu dire :

« Les sillons, eux aussi, ont eu leurs martyrs. »

Il nous a été donné de voir de près ces mères,
ces jeunes femmes auxquelles le départ du fils, du
mari laissait la charge complète de l'exploitation.
Jamais, jusqu'alors, elles n'avaient eu à s'occuper
de l'extérieur de la maison, seuls les travaux du
ménage réclamaient leurs soins, et voici que, tout
à coup, il faut diriger les travaux, trancher, con-
clure des marchés avec le maquignon roublard, se
lever la première, secouer valets et servantes, af-
fermir sur eux son autorité, et tout diriger d'une
main sûre et ferme.

L'esprit et la volonté tendus, impassibles et sé-
rieuses elles accomplissent la dure tâche de la jour-

née. Le soir seulement, lorsque les mille bruits de la ferme se sont tus, veillant encore près du berceau où s'endort le plus petit, en ce moment de douceur et de calme, le cœur se déprend de la dure étreinte de la journée, et des larmes montent lentement sous leurs paupières alourdies par le travail et les sombres pensées. En vain tout le jour on attendit un mot, un seul, de celui qui partit, et rien ; et tous les jours la mort le frôle de son aile ; il est là-bas dans la nuit sous les coups de mille engins de mort qui s'acharnent à sa perte. Reviendra-t-il un jour reprendre sa place au foyer familial ? L'horizon est bien noir, nul ne sait, il en est tant déjà qui sont couchés à jamais dans leurs rouges sillons ! Le sommeil vient enfin clore sa paupière, de lassitude la jeune femme s'endort jusqu'à l'heure où l'aube va blanchir le ciel ; heure du travailleur des champs qui ne doit jamais laisser inemployée une minute de la clarté du jour.

Elles vont ainsi courageuses car il faut tenir jusqu'au retour, il faut que la semence soit jetée à la terre dans les jours propices de l'automne et que la moisson soit faite quand le soleil a doré les épis de nos champs. Continuer en un mot les gestes d'autrefois

> Afin que toujours soit la plaine
> Verte l'hiver, jaune l'été

ainsi que le chante le paysan de Dupont.

Elles vont, mais bientôt le dimanche à l'église du village de nouveaux voiles noirs jettent leur note funèbre. Comme ils sont nombreux aujourd'hui ! ils ont tout envahi, ils dominent dans la grande nef comme dans les bas-côtés et les chapelles. Quand elles passent, on les salue bien bas, en murmurant le nom de celui qu'elles pleurent.

Elles vont vite, les jeunes veuves ; à la maison les petits les attendent et c'est pour eux qu'elles resteront quand même fidèles à la terre. Malgré le malheur, elles vont continuer pour les orphelins. Ils grandiront sur leur terre et, par eux, la vieille souche refleurira. Combien d'années faudra-t-il peiner, lutter, pour garder l'héritage des aïeux ? Elles ne s'en inquiètent guère, les mères, elles vont confiantes au Dieu qui donne la pâture aux petits oiseaux.

Quatre fois les étés de guerre ont vu les femmes de nos campagnes, sous les ardents baisers du soleil de juillet, indifférentes à ses morsures qui brunissaient les bras et le col, cueillant la gerbe qui tombe sous la scie de la moissonneuse ou la faulx du faucheur. Nous avons vu les vieux, les enfants, réunir leurs forces débiles pour ramener les blés vers la ferme et dresser, comme autrefois, les grandes meules sur l'aire où bientôt, comme une coulée d'or, ruissellera le bon blé de la batteuse en travail.

Sait-on, à la ville, ce qu'il faut de travaux et de peines pour que la terre donne à tous un peu de pain ? Sait-on l'énergie, l'endurance, le courage qu'il faut à des êtres frêles pour remplir la tâche quotidienne de notre dur labeur, lorsque le cœur est blessé et les yeux rougis de pleurs. Ici, à l'arrière, jusque dans nos campagnes solitaires, la guerre a fait aussi ses victimes. Oui, il faut le redire, il est des femmes et des vieux qui sont tombés écrasés sous le poids du travail et de la douleur.

Le syndicat recueillait précieusement tous ces faits à la gloire de nos paysannes. Il obtenait pour elles de la société des agriculteurs de France, non pas des récompenses (il est des actes qui ne se récompensent pas ici-bas), mais des distinctions honorifiques pour celles que leur courage et leurs malheurs désignaient davantage à l'attention.

Elles furent convoquées à la maison syndicale ainsi que les membres du bureau encore au village. Réunion bien simple, simplicité voulue et qui convenait au motif qui faisait l'objet de cette petite assemblée. Le président leur remit des médailles, des diplômes, et elles souriaient un peu en disant un grand merci : il est si bon, dans les jours de détresse, de trouver près de soi un peu de sympathie, de recherche d'autrui à calmer notre douleur !

..... « La douleur, leur dit-il, de sa main sévère a couronné vos fronts. Vos humbles rêves de jeune épouse, de mère se sont évanouis sans espoir de retour. Victimes de l'atroce guerre, c'est pour la France que vous souffrez. Grandes par vos malheurs, vous l'êtes encore par votre travail. Il est de notre devoir d'honorer le labeur, mais surtout lorsque celui-ci nous donne le pain. Emus et fiers de vous compter dans nos rangs, acceptez ce faible témoignage de notre admiration. Gardez-le, il rappellera à vos petits-enfants le beau rôle que vous avez tenu en des temps difficiles. Allez, nobles femmes du village, vos morts sont contents de vous; comme eux vous avez bien mérité de la Patrie. »

Il leur dit encore la grandeur, la beauté des sacrifices accomplis; il répéta les noms des victimes tombées, dont le livre d'or sera pieusement dressé, les gardant d'un trop prompt oubli; et les souffrances de la terre, ses deuils sans nombre, mais il dit aussi l'espérance en l'aube prochaine d'un meilleur avenir !

L'Avenir de la Terre.

La guerre sépare d'un grand trait rouge et noir les temps écoulés de ceux à venir. Nous avons vu le paysan, aux années précédant la grande bataille des peuples, commencer à sortir de l'isolement funeste dans lequel il avait vécu trop longtemps, s'unir en syndicats pour tâcher d'apporter à sa vie laborieuse un peu plus de confort, d'aisance et de sécurité et, dans la guerre, se trouver le meilleur et le plus sûr défenseur de la patrie, tout en lui donnant les aliments les plus indispensables. Et, malgré la place héroïque qu'il a tenue à l'avant et à l'arrière, nous l'avons vu méconnu et chargé de quantité de maux inévitables, dont les temps troublés que nous vivons portent en eux la véritable source.

En dehors des syndicats, ses intérêts étaient peu défendus; comment l'auraient-ils été au Parlement où nous sommes si peu représentés. Nous nous laissons déborder trop facilement par des corporations infiniment moins nombreuses que la nôtre, mais plus audacieuses. Dans un état démocratique où le nombre fait loi, les paysans devraient tenir la première place. Et ceci me rappelle certains villages où les paysans sont la grande majorité; ils s'étaient cependant autrefois laissé circonvenir aux idées des ouvriers industriels du bourg et, cédant à leurs conseils intéressés, avaient confié les destinées de la commune à des hommes opposés à leurs intérêts. C'était de l'illogisme! Sous la direction syndicale, ils se sont peu à peu arrachés à cette emprise et ont remis enfin l'autorité entre les mains de leurs pairs.

Il pourrait en être ainsi dans toutes les communes rurales, aucune ne devrait échapper à notre entière direction. C'est le premier pas nécessaire avant de conquérir la représentation professionnelle.

Au sortir de la grande guerre, toutes les consciences s'inquiètent et cherchent quel point d'appui donner à nos vieilles institutions européennes, ébranlées jusqu'en leurs fondements par le cataclysme qui vient de bouleverser le monde, ou quel sera le statut nouveau qui régira désormais les rapports des hommes entre eux.

L'avenir appartiendra aux travailleurs organisés. Chaque profession se groupe jalousement dans le cadre qui lui est propre, émet des projets, quand elle ne dicte pas elle-même des lois. Dans ce grand travail de reconstruction d'un Etat nouveau, plus que jamais malheur aux isolés, aux inorganisés.

Si les discussions purement politiques sont affaires de clubs, et par conséquent prohibées de nos réunions, cependant, en tant que corporation organisée, nous avons le devoir de veiller aux intérêts de la profession et donc d'avoir notre cahier de revendications à soumettre à l'acceptation des candidats, avant de leur octroyer notre bulletin de vote.

Je vous dirais même : tenons-nous éloignés des politiciens, évitons surtout de nous laisser accaparer par eux, qu'ils viennent de droite ou de gauche.

La liberté est notre sauvegarde et l'un des charmes les plus puissants de notre profession.

Mais ne confondons pas la politique des clubs et réunions publiques et la nécessaire politique agricole.

Ne pensez-vous pas qu'il conviendrait que nous soyons mieux représentés dans nos assemblées délibérantes de tous les degrés, nous les plus nécessaires de tous les travailleurs? Les affaires du pays seraient-elles moins en sécurité entre nos mains ?

Eh bien ! cette place qui nous est due, c'est à nous à la conquérir, nous le pouvons, nous le devons.

Les vieux cadres, les vieilles classifications de partis, sous lesquels avaient l'habitude de se ranger les diverses catégories de citoyens, sont brisés. Un ordre nouveau s'élabore où la profession organisée est appelée à tenir la première place. On demandera moins désormais à un candidat s'il est bleu, blanc ou vert, catholique ou mahométan, que s'il est résolu à soutenir telles ou telles revendications inscrites à l'ordre du jour de telle ou telle corporation.

Nous sommes en pleine ascension démocratique, c'est l'heure des travailleurs, mais cette ascension, pour être bonne, féconde et juste, doit se faire dans l'ordre.

Or, la classe paysanne vient d'assurer l'ordre dans le monde en versant généreusement le plus pur de son sang pour donner la victoire à la France. C'est encore à nous, par notre esprit de modération et de justice, d'assurer la victoire de l'ordre chez nous, tout en facilitant à tous le plein développement de toutes les nobles facultés de l'homme de labeur.

Cette élévation graduelle des éléments inférieurs de la société vers plus de bien-être, de dignité, de responsabilité, se fera par le syndicat.

Et, qu'on le veuille ou non, que l'on se mette en travers du chemin ou qu'on l'aplanisse, l'avenir est là, nous le touchons déjà, où la vie économique des peuples primera toutes les autres questions, de quelque ordre qu'elles soient.

Serrons-nous donc bien près les uns des autres, nous tous semeurs de blé, semeurs de pain. Que nos mains s'étreignent dans un geste de confiance et préparons l'avenir de nos campagnes en faisant du paysan le premier citoyen de France. Car c'est par nous que la France refera ses forces épuisées, ses richesses englouties, par la famille paysanne, suprême réserve de vie, et par notre travail, source jamais tarie de la fortune nationale.

Oui, l'avenir c'est à nous de le préparer, c'est en nous unissant fortement dans nos syndicats que nous surmonterons plus aisément les difficultés inséparables de toute action humaine. Préparons l'avenir par un choix judicieux de nos représentants; par notre volonté de créer une famille normale; par notre application à rendre à tous la vie aux champs plus agréable et plus douce.

C'est à nous, à nos Unions de syndicats, de veiller, de résister aux tendances qui rêvent de ne faire du producteur qu'un vulgaire fonctionnaire attaché à la glèbe, travaillant sous la direction de ronds-de-cuir officiels, incompétents et irresponsables.

Si les syndicats n'ont pas toujours donné les résultats que l'on était en droit d'attendre d'eux, la faute n'en est pas à l'institution elle-même, mais à ses adhérents qui n'ont pas toujours eu une mentalité solidariste suffisante. Pour beaucoup d'entre eux, une fois la cotisation payée, ils ne s'occupent plus de leur association, sinon pour tâcher de récupérer les quelques francs qu'ils lui ont donnés. Ils ne comprennent pas que le but cherché est de leur faire vivre une vie sociale plus haute, plus fraternelle, afin qu'ils soient plus forts ; que dans le syndicat, ils doivent tous collaborer à l'œuvre commune, ne jamais se désintéresser de son action, mais la provoquer au besoin si ceux qui le dirigent montrent trop d'apathie et de mollesse.

Demain, plus encore qu'aujourd'hui, l'association sera le levier puissant pour relever nos campagnes des désastres accumulés par la grande guerre où tant de nos fils ont payé de leur vie le salut de la patrie. L'avenir de la terre est en nous. Perdons l'habitude de tout attendre de l'État et sauvons-nous nous-mêmes. C'est plus noble et plus sûr.

Cadres agrandis.

Il faut dès la base de l'organisation syndicale élargir son champ d'action jusqu'à ses limites extrêmes ; à grands coups d'ailes l'enlever du terre à terre, l'entraîner à l'action, à la conquête de droits assurant l'avenir, la sécurité de ses membres ; non seulement au point de vue matériel, mais encore et surtout au point de vue social. Sans doute le syndicat doit s'ingénier à rendre à la foule des humbles, qu'il représente, tous les petits services matériels qu'elle attend chaque jour de lui et qui sont indispensables pour fixer, au début, ses premiers adhérents. Mais il faut que le syndicalisme agricole s'élève plus haut pour voir plus loin. La corporation sera dans l'aisance ou la gêne selon que les lois faciliteront sa tâche ou viendront paralyser ses efforts. Le syndicat doit donc intervenir auprès des corps constitués de la commune, du département et de l'État, toutes les fois que l'intérêt matériel ou moral de ses membres l'exige.

Ah ! je me prends parfois à rêver à ce que pourraient devenir nos campagnes si elles possédaient quelques-unes des faveurs faites aux villes. Instruction plus répandue, force, lumière, locomotion, et, pourquoi pas, distractions. Nous payons bien notre part de toutes les libéralités de l'État, même envers les théâtres nationaux où cependant nous n'admirerons jamais la grâce des ballerines évoluant sur leurs scènes.

Mais, après tout, n'est-ce pas notre faute ? Ce sont les villes qui gouvernent, nous ne sommes pas représentés, ou si peu. Il faut changer cela.

Aujourd'hui, plus que jamais, le temps presse, il faut agir vite et bien. Nous sommes trop lents à nous mouvoir et, cependant, il n'y a pas que sur les lieux des combats qu'il y a des ruines à relever.

A Verlise on a compris tout l'intérêt attaché actuellement à la vitalité intense des services syndicaux dans cette dure période de reconstruction générale. Les mesures nécessaires à leur mise au point ont été prises, afin qu'ils soient à niveau des conditions de vie nouvelle.

— *Les retraites* seront rendues plus intéressantes en exigeant des versements plus élevés, majorés de subventions du syndicat et de la coopérative. Et les mutuelles d'assurances vont étendre leurs opérations sur des bases plus larges.

Le crédit, utile hier, le sera encore demain pour industrialiser la terre, permettre au laboureur de se munir d'instruments perfectionnés pour l'exécution rapide de tous travaux. Pendant la guerre, l'amélioration du sol a subi un temps d'arrêt ; la guerre a surpris l'agriculture en plein développement ; mais, depuis, elle a régressé. Il va falloir, de toute nécessité, reprendre les travaux interrompus ; un des plus importants moyens est de fournir aux exploitants les capitaux indispensables. La caisse de crédit les leur procurera.

Le coopératisme aura aussi un rôle important à jouer dans ce travail de réorganisation agricole. La coopérative ne se contentera pas de faciliter, de moraliser l'achat et la vente par la suppression de l'intermédiaire inutile et la limitation des bénéfices, mais elle pourra intervenir dans l'exploitation même du sol, en groupant les petites fermes en coopératives où les attributions de chaque famille seraient définies et les bénéfices de l'exploitation commune répartis à chacun au prorata de leurs apports. Ces petites collectivités bénéficieraient ainsi des avantages des grands domaines pour l'emploi de toutes machines du génie rural et résoudraient, pour elles, le problème inquiétant de la main-d'œuvre agricole (car je suppose des familles normales capables d'assurer par elles-mêmes le travail des fermes unies).

Haut les Cœurs, Paysans !

Maintenant, c'est vers vous, les jeunes, glorieux rescapés de la grande tempête, que monte tout notre espoir. Le syndicat, le village vous attendent ! vous leur apporterez la force et la vie. Les vieux sont fatigués ; leur horizon s'élargit mais la terre s'éloigne. La paix que vous avez conquise au monde vous la donnerez à leurs vieux jours. Votre présence sera pour le syndicat une source de vie nouvelle ; s'il y a quelques délabrements, même quelques ruines, vous réparerez, vous relèverez ; il le faut pour la profession, pour le pays. Car je ne mets pas un instant en doute votre amour de la terre. Vous reviendrez la féconder, la parer, la faire toujours plus belle. Il y faut de l'énergie, du courage ; l'un et l'autre ne vous font pas défaut, vous l'avez bien montré.

Si la ville a ses avantages nous pouvons les acquérir, et nous avons les nôtres qu'on ne trouve que chez nous. Ses chemins sont plus unis ; mais nous avons sous la futaie de merveilleux tapis de mousse. Elle a de savantes écoles ; mais nous avons le grand livre de la nature toujours ouvert à nos yeux attentifs, sa lecture en est douce et facile et parfois, en un jour, nous apprenons plus qu'en vingt années près des maîtres les plus grands.

La ville a ses spectacles où sous de faux soleils se déroulent des scènes plus fausses encore en des paysages de carton. La nuit, le jour, à la campagne, le spectacle est renouvelé en des décors incomparables, toujours nouveaux, toujours vivants. Notre ténor, sur le grand chêne qui ombrage la maison, toute la nuit berce nos rêves en chantant ses jeunes amours. A l'aube matinale la cloche tinte l'Angélus annonçant l'ouverture du travail. Tandis que l'horrible sirène furieusement jette l'appel aux échos de la ville endormie et que dans l'antre trépidant que la vapeur anime l'ouvrier va s'engouffrant, hommes, femmes, pêle-mêle pour un labeur incertain qu'il n'a pas commencé, qu'il ne verra pas finir.

Allez, semeurs de blé, c'est vous les nobles de

la terre ; si vous marchez courbés sur le sillon,du moins votre âme monte vers les cimes. Ne vous laissez pas enliser par la glèbe et, si vos pieds s'alourdissent à son poids, laissez aller votre pensée par delà la borne du champ, qu'elle s'unisse à la pensée de tous les travailleurs de terre, qu'elle s'élève forte et puissante, et conquière au paysan la place de premier citoyen dans la nation.

Venez, jeunes laboureurs, quittez vos habits de guerre, laissez aux arsenaux le fer qui blesse et qui tue, revenez au village, à la terre, à vos associations qui vous attendent ; revenez, les vides sont si grands ! les cœurs si douloureux ! Ne laissez pas prendre la place de vos frères, tombés pour défendre la France, par des étrangers, des entrepreneurs agricoles, notre terre en souffrirait. Revenez apporter à nos fronts embrumés par les soucis et les ennuis, le rayon de soleil de votre jeunesse. Que votre chanson se cadence au pas des grands bœufs au labour, comme autrefois chantaient vos frères, les vieux chants du terroir.

Venez relever le foyer qui s'éteint ; les filles de nos villages sont fortes et belles, fondez la famille, espoir de demain. Dans nos campagnes est la source de la vie, soyez généreux, les calculs humains sont toujours déjoués. Combien de fils uniques, choyés, économisés par les vieux croyant faire leur maison plus forte, sont tombés dans les combats, ruinant en un seul jour l'espoir de tout un avenir. Et j'ai vu la foudre frapper trois fois la même famille sans détruire la sève qui monte en dix rameaux vigoureux.

La maison sans vous était triste, vous allez la parer de gaieté et de fleurs, afin que la jeune épouse puisse sourire à son matin. Il faut que la maison du paysan soit gaie, claire, agréable à l'œil et au cœur : des blés dans les champs, mais des roses au jardin.

Il faut que la jeune fille soit heureuse et fière d'y venir régner, d'en être la maîtresse.

Puis, au village, soyez des valeurs, des influences. Modernisez le village, comme le conseille J.-H. Ricard dans son *Programme Agraire*. Par l'union syndicale vous le tranformerez, comme vous transformerez vos champs, vos troupeaux, vos demeures, afin qu'aux avantages idylliques, chantés par les poètes, se joignent encore pour le paysan tous ceux que nous apporte la science moderne.

Le syndicat, source d'une organisation sociale nouvelle, ne va-t-il pas se faire torrent et emporter sur son parcours toutes les mares où croupissent l'égoïsme et la haine pour former, plus tard, un beau fleuve fécondant les riches plaines de la justice et du droit.

La Justice ! le Droit ! La France vient de souffrir pour ces grandes causes tout ce qu'une Nation peut souffrir. L'ennemi est terrassé ; votre part de travaux, de souffrances et de gloire, ô paysans ! est grande. La France vient d'établir sa prédominance dans le Monde ; c'est vous qui avez soutenu son épée, l'histoire le dira. Dans cette ascension grandiose de la Patrie le paysan s'élève avec elle, il en devient le premier citoyen.

Mais les formules de grandeur et de gloire seraient vaines, si elles n'impliquaient des motifs de prospérité matérielle et d'élévation sociale. Et c'est ici que je vous convie à reprendre à la base l'organisation intérieure de la maison. Il serait affreux d'avoir porté le nom Français si haut dans l'Univers, si l'intérieur du pays voyait renaître les basses intrigues politiques d'autrefois, si l'anarchie devait triompher et si dans nos campagnes le meilleur artisan de la Victoire devait rester le paria social ignorant, subissant le sort qui lui est fait, sans chercher à dominer, à diriger les causes et les événements qui conditionnent son existence.

Groupez-vous donc dans le syndicat du village d'abord, c'est le geste initial, c'est la source, le mince filet d'eau frayant péniblement sa voie à travers les obstacles. Unissez les syndicats voisins ensemble, formez l'union d'arrondissement ou de département comme autant de ruisselets suivant la même pente, courant vers un but commun.

La force déjà est imposante, la voix s'élève, telle la rumeur de grandes eaux, se ruant en efforts répétés contre les rocs qui contrarient leur cours.

Enfin c'est le groupement régional, englobant plusieurs départements dont la culture, les débouchés, les communications, les intérêts ont des rapports similaires. Et le fleuve va s'élargissant dans l'ampleur et le calme des forts, réunissant dans son sein toutes les sources, tous les ruisseaux; c'est l'Union centrale des syndicats, c'est la Confédération Nationale synthétisant toutes les forces rurales de France, groupées en un faisceau unique, constituant une puissance sociale incomparable capable d'imprimer une direction sûre à la nef qui porte la fortune de la Patrie.

Ainsi, un pour tous, tous pour chacun, vous participerez à l'action de plusieurs millions de paysans syndiqués, répartis sur l'ensemble de nos campagnes françaises. La pensée du plus humble d'entre vous pourra grandir, monter par la voie de l'association jusqu'aux sommets du pouvoir. Vous ne serez plus des isolés sans influence, mais des valeurs, aux possibilités d'action infinies, des citoyens jouissant de la plénitude de leur puissance.

Allons, amis, tous au bon travail d'organisation rurale, vouloir c'est pouvoir, et la seule mise de fonds indispensable c'est... la bonne volonté !

TABLE DES MATIÈRES

Bibliothèque
du Syndicalisme Agricole

Publiée sous la direction de J.-H. RICARD

Depuis la loi du 21 mars 1884, les Syndicats agricoles ont surgi d'un peu partout. Il y en a actuellement, aux dires des statistiques officielles : 6.667 avec plus d'un million de membres, et autour d'eux se sont créées des mutuelles d'assurances, de prévoyance, de crédit, des coopératives de production et de consommation, etc. Au total, c'est environ 30.000 associations professionnelles qui existent en agriculture et qui gravitent plus ou moins autour des syndicats dont l'esprit tend à les pénétrer de plus en plus. Mais les villes, et les administrations, et les pouvoirs publics semblent les ignorer !

Pourtant, ces syndicats et leurs annexes se présentent avec une organisation si simple, une action sociale si nette, une activité si régulière dans la défense des intérêts de leurs membres, une intelligence de la fédération si bien appliquée, une méthode et une doctrine si bien conçues, qu'on peut dire que ce mouvement syndical est la formule de l'avenir.

C'est cette doctrine et ces méthodes (attestant que la création des institutions syndicales en agriculture est dominée par des principes servant de directive aux agriculteurs dans leurs associations et leurs Unions), qu'on trouvera dans les volumes de la *Bibliothèque du Syndicalisme Agricole*, tous écrits par des hommes spécialisés depuis de longues années dans les questions qu'ils exposent, et qu'ils ont eu à traiter, non pas seulement dans des controverses théoriques, mais aussi dans la conduite des organisations à la tête desquelles les a appelés la confiance de leurs commettants.

La *Bibliothèque du Syndicalisme Agricole* constitue dans la vie agricole un fait nouveau. Nul doute qu'elle n'exerce une influence sur le développement des idées qui visent à créer sur la base corporative une organisation plus complète de l'agriculture française. Elle se recommande à quiconque veut suivre les merveilleuses étapes parcourues par les masses rurales sous l'influence des Syndicats agricoles et connaître les buts vers lesquels elles tendent.

Voir au verso la liste des ouvrages de cette collection.